Zürcher Bibelkommentare NT 12

Victor Hasler   Die Briefe an Timotheus und Titus (Pastoralbriefe)

Zürcher Bibelkommentare

herausgegeben von
Georg Fohrer, Hans Heinrich Schmid und Siegfried Schulz

Victor Hasler

Die Briefe an Timotheus und Titus

(Pastoralbriefe)

TVZ   Theologischer Verlag Zürich

CIP-Kurztitelaufnahme der Deutschen Bibliothek

Hasler, Victor
Die Briefe an Timotheus und Titus: (Pastoralbriefe). – 1. Aufl. – Zürich: Theologischer Verlag, 1978.
(Zürcher Bibelkommentare: Neues Testament; 12)
ISBN 3-290-14721-5

© 1978 by Theologischer Verlag Zürich
Alle Rechte, auch die des auszugsweisen Nachdrucks, der photographischen und audiovisuellen Wiedergabe sowie der Übersetzung bleiben vorbehalten
Typographische Anordnung von Max Caflisch
Printed in Switzerland

Inhaltsverzeichnis

	Einleitung	7
	Zur Abfassung	7
	Zur geschichtlichen Situation	8
	Zum Verfahren der Auslegung	9
	Literaturhinweise	10

Der erste Brief an Timotheus

1,1–2	Die apostolische Zuschrift	11
1,3–20	Der Auftrag zur Bewahrung des rechten Glaubens	12
1,3–7	Die Zurechtweisung der Irrlehrer in der Gemeinde	12
1,8–11	Die Abweisung ihrer falschen Berufung auf das Gesetz	14
1,12–17	Das Apostelamt des Paulus als Ausdruck des universalen Retterwillens Gottes	15
1,18–20	Die geistliche Zurüstung des Paulusschülers	17
2,1–3,16	Die Ordnung der Kirche	19
2,1–7	Der liturgische Auftrag der Gemeinde	19
2,8–15	Das Verhalten von Mann und Frau im Gottesdienst	23
3,1–7	Charakterliche Voraussetzungen für das Vorsteheramt	26
3,8–13	Die Voraussetzungen für das Helferamt	27
3,14–16	Der Hymnus auf den Glaubensschatz der Gemeinde	28
4,1–10	Die Durchführung der Ketzerbekämpfung	33
4,1–5	Die Abwehr der asketischen Vorschriften	33
4,6–10	Getreues Festhalten am alten Glauben	36
4,11–5,2	Das seelsorgerliche Verhalten in der Gemeinde	37
4,11–16	Die Notwendigkeit eines guten Vorbildes	37
5,1–2	Der Umgang mit Alt und Jung	39
5,3–6,2	Der Gemeindespiegel	40
5,3–16	Die Sorge um den Witwenstand	40
5,17–25	Die Hebung des Ältestenstandes	42
6,1–2	Das Verhalten der gläubigen Sklaven	44
6,3–19	Die Einstellung zu Geld und Gut	45
6,3–5	Die krankhafte Frömmigkeit der Irrlehrer	45
6,6–10	Genügsamkeit und Habsucht	46
6,11–16	Der Aufruf zum Kampf und Bekenntnis des Glaubens	48
6,17–19	Die Forderung an die Reichen	51
6,20–21	Letzte Warnung vor der Irrlehre und Gruß	52

Der zweite Brief an Timotheus

1,1–2	Die apostolische Zuschrift	55
1,3–5	Die Danksagung	55
1,6–2,2	Die Sorge um das anvertraute Glaubensgut	56
1,6–14	Die Aufforderung zur tapfern Bekenntnistreue	56
1,15–18	Abfall und Bewährung in Kleinasien	60
2,1–2	Die zuverlässige Weitergabe des Evangeliums	61
2,3–21	Der Aufruf zum Kampf gegen Verfolgung und Irrlehre	62
2,3–7	Die Aufnahme der Leidensnachfolge	62
2,8–13	Die Verheißung der Glaubenstreue	64
2,14–18	Die Durchführung der Ketzerbekämpfung	66
2,19–21	Das Fundament der Kirche	69
2,22–3,17	Die Anordnungen zum Kampf gegen die Irrlehrer	71
2,22–26	Der Umgang mit den Verführten	71
3,1–9	Der moralische Tiefstand der Ketzer	72
3,10–12	Das Leidensvorbild des Apostels	73
3,13–17	Die Verpflichtung auf die Heilige Schrift	74
4,1–18	Die letzten Worte des Märtyrers	76
4,1–8	Das Testament des Apostels	76
4,9–18	Die persönlichen Mitteilungen aus der Todeszelle	78
4,19–22	Schlußgrüße und Segen	82

Der Brief an Titus

1,1–4	Die apostolische Zuschrift	85
1,5–9	Die Einsetzung von Gemeindebischöfen	86
1,10–16	Die Widerlegung der Irrlehrer	89
2,1–10	Der Gemeindespiegel	91
2,11–15	Die Heiligung der Gemeinde	93
3,1–7	Die Einstellung der Gemeinde zur Welt	94
3,8–11	Die Forderung einer maßgeblichen Verkündigung	97
3,12–14	Persönliche Anweisungen	98
3,15	Grüße und Segen	100
	Stellenregister	103
	Stichwortregister	109

Einleitung

Zur Abfassung

Die sich seit Anfang des 19. Jahrh. bis in die vergangenen Jahrzehnte hinziehende Diskussion um die Bestimmung einer paulinischen oder nachpaulinischen Verfasserschaft der Pastoralbriefe ist durch die Anerkennung der neueren, mit verfeinerten exegetischen Methoden arbeitenden Untersuchungen zu einem gewissen Abschluß gelangt. Eine Abfassung durch den Apostel Paulus selber, wie sie z.B. Gustav Wohlenberg, Adolf Schlatter und Wilhelm Michaelis in ihren Kommentaren und Einzelstudien behaupteten, wird heute kaum mehr vertreten. In den Kommentaren von Joachim Jeremias, Gottfried Holtz, Ceslas Spicq, John Norman Davidson Kelly, Walter Lock und Charles Kingsley Barrett wird versucht, die paulinische Autorschaft durch die Annahme eines Sekretärs zu retten. Auch die Fragmentenhypothese, nach welcher ein Paulusschüler authentische Notizen und Briefausschnitte seines Meisters in die Schreiben eingearbeitet hätte, arbeitet mit unbeweisbaren Voraussetzungen und unwahrscheinlichen Vermutungen. Wer die Briefe so oder anders zu den unbestrittenen Paulusbriefen zählt, muß dem älter gewordenen Apostel einen tiefgreifenden Wandel in der sprachlichen Formulierung und in den theologischen Auffassungen zubilligen und läuft Gefahr, in der Auslegung eine vermeintliche Übereinstimmung mit den echten Briefen nachzuweisen und die formalen und sachlichen Unterschiede und damit das selbständige Glaubenszeugnis der Pastoralen zu verkennen.

Es ist Aufgabe der wissenschaftlichen Einleitungen und der großen Kommentarwerke, die Gründe und Gegengründe im Einzelnen darzulegen, welche zur Klärung der mit der Verfasserschaft zusammenhängenden Fragen führen. Doch mag es der allgemeinen Orientierung dienen, wenn hier wenigstens fünf Gründe genannt und kurz erläutert werden, welche für eine Entstehung der Briefe im ersten Jahrzehnt des 2. Jahrh. sprechen:

1. *Biographische Gründe:* Weder die anerkannten Paulusbriefe noch die Apostelgeschichte erlauben mit ihren Hinweisen auf die Tätigkeit und den Lebensweg des Paulus die Annahme einer erneuten Wirksamkeit im östlichen Gebiet des Imperiums nach seiner römischen Gefangenschaft. Deutlich formuliert Paulus Röm. 15,23: «Jetzt aber finde ich keinen Raum mehr in diesen Gegenden» und anläßlich seiner Abschiedsrede in Milet sagt er nach Apg. 20,25: «Ich weiß, daß ihr allesamt mein Angesicht nicht mehr sehen werdet.» Dazu kommt, daß weder der um 96 geschriebene 1. Klemensbrief noch unsere Briefe eine zweite Gefangenschaft in Rom kennen. Versucht man Apg. 26,32 und 28,30f. als Hinweis auf eine Haftentlassung und auf eine neue missionarische Tätigkeit des Paulus zu verstehen, dann weiß 1. Clem. 5,7 («... bis zum äußersten Westen ist er vorgedrungen») nur von einer Reise in den Westen. Diese Stelle ist aber nicht nur die einzige Angabe vor der Jahrhundertwende, sondern läßt sich auch als Interpretation der von Paulus nach Röm. 15,24.28 lediglich geplanten Reise nach Spanien begreifen.

2. *Sprachliche Gründe:* Die Pastoralbriefe kennen in ihrem Wortbestand 171 Wörter, die sich weder in den anerkannten Paulusbriefen noch überhaupt im Neuen Testament finden, sondern auf den Wortschatz der gehobenen Umgangssprache um das Jahr 100 weisen. Dafür fehlen eine ganze Reihe wichtiger Begriffe des Paulus

wie etwa Rechtfertigung, Gesetzeswerke, Leib, Fleisch, Kreuz, Offenbarung und Freiheit, während neue Ausdrücke wie Frömmigkeit, Überlieferung, gesunde Lehre, Mäßigkeit, Schiffbruch erleiden u. a. m. zum Teil sehr gehäuft vorkommen.

3. *Formale Gründe:* Abgesehen von großen Unterschieden im Stil und in der Grammatik begegnen in unsern Briefen fragmentartige Stücke, die nur schlecht mit dem Umtext verbunden sind. Sie erinnern an Bruchstücke aus Bekenntnissen, Liedern, Gebeten, Pflichttafeln, Tugendreihen und Lasterkatalogen, die auf eine andere Herkunft und auf einen spätern Entwicklungsgrad weisen als die von Paulus aufgenommenen Traditionen. Dazu werden sie im Gegensatz zu den von Paulus verfaßten Briefen im Kontext nicht interpretiert, sondern oft unverbunden lediglich als Lehr- und Grundsätze hingestellt.

4. *Theologische Gründe:* Die Pastoralbriefe vertreten eine andere Auffassung als Paulus vom Heilshandeln Gottes in der Geschichte der Menschheit. Anstelle der paulinischen Vorstellung von der heilsgeschichtlichen Erfüllung der Geschichte des Volkes Gottes in der mit Christi Tod und Auferweckung eingetretenen Endzeit, lehnen sich unsere Briefe an eine hellenistische Vorstellung vom Erscheinen der erlösenden Gottheit in Menschengestalt an. Danach hat Gott in der göttlichen Person des Christus Jesus auf der Erde seinen ewigen Heilsratschluß geoffenbart, wonach alle an ihn Glaubenden ins ewige Leben gerettet werden. Die in der griechischen Christenheit ebenfalls vorhandene Vorstellung, nach der sich der im Himmel thronende Christus in geistbewirkten, enthusiastischen Vorgängen mitteilt, wird hier mit Hilfe eines bestimmten Offenbarungsschemas auf die irdische Sendung Jesu bezogen und diese allein als geschichtliche Offenbarung des universalen Heilswillens Gottes verstanden, die sich ihrerseits darauf in der Verkündigung des Evangeliums fortsetzt. Darin besteht der eigentümliche theologische Beitrag der Pastoralbriefe. Darum sind diese nicht besonders an einer Lehre über Christus interessiert, sondern bieten eine Erlösungslehre, welche die Durchführung des göttlichen Heilsplanes betont. Damit hängt es zusammen, daß die Kirche nicht als der Leib Christi erscheint und von der Gemeinde nicht als der durch den Heiligen Geist bewirkten und mit dem erhöhten Herrn verbundenen Gemeinschaft die Rede ist, sondern als von einer organisierten Institution der Gläubigen, welche das empfangene Evangelium zu bewahren und weiterzugeben hat.

5. *Historische Gründe:* Das Paulusbild und der Apostelbegriff entsprechen den Vorstellungen und Bedürfnissen am Ende des 1. Jahrh. Paulus wird zum Idealbild eines Apostels erhoben und wirkt als vielfacher Typus für die Frömmigkeit und für die dogmatischen und organisatorischen Verpflichtungen der Kirchenleitung. Unter Timotheus und Titus werden die rechtmäßig eingesetzten Gemeindevorsteher, die Bischöfe, Presbyter und Diakone aufgefordert und angeleitet, das äußere Ansehen und die innere Geschlossenheit der durch Unterwanderung bedrohten Gemeinden zu fördern und die kirchenrechtliche Organisation zu festigen. Die Kirche ist inzwischen zu einer kultischen und sozialen Institution im römischen Staat herangewachsen und tritt in den religiösen und kulturellen Wettbewerb ihrer Zeit.

Zur geschichtlichen Situation der Pastoralbriefe

Aus diesen Erwägungen und weitern Überlegungen, die sich aus Beobachtungen im Verlauf der Auslegung ergeben, stellen wir die Pastoralbriefe zeitlich zwischen den 1. Klemensbrief und die Ignatianen an den Anfang des 2. Jahrh. Der 1. Klemensbrief ist ein energisches Schreiben der römischen Kirchenleitung an die Christengemeinde in Korinth, welches diese mit Geist, Autorität, Rhetorik und nicht ohne Diplomatie zur Ordnung weist. Angesehene Kirchenälteste waren zu Unrecht abgesetzt worden. Darüber empört schreibt Klemens von Rom: «Selig sind die vorangegangenen Presbyter, die zu einem fruchtbaren und vollkommenen Ende kamen. Denn sie brauchen nicht mehr zu fürchten, daß jemand sie von dem ihnen zugewiesenen Platze vertreibe. Wir sehen nämlich, daß ihr einige, obwohl sie einen guten Wandel führten, von ihrem untadelig in Ehren verwalteten Amte abgesetzt habt» (1. Clem. 44,5f.), und: «Häßlich, Geliebte, ja sehr häßlich und des Wandels in Christo unwürdig ist es, wenn man hört, daß die hervorragend zuverlässige und alte Gemeinde der Korinther wegen einer oder zwei Personen gegen die Presbyter aufsteht» (1. Clem. 47,6). Nicht nur werden im 1. Klemensbrief wie in den Pastoralbriefen Presbyter und Bischöfe als verantwortliche Gemeindeleiter angesprochen und miteinander identifiziert, sondern sie werden in gleicher Weise als rechtmäßig in ein apostolisches Kirchenamt eingesetzt betrachtet. Sie stehen in einer durch Ordination vermittelten Amtsfolge. Andererseits zeigen die Märtyrerbriefe des Ignatius von Antiochien (gestorben um 115) eine monarchische Stellung des Gemeindebischofs, die ihn über den Presbyter erhebt. Dazu kommt eine Weiterentwicklung der theologischen Gedanken und der Märtyrerauffassung. Das Verzeichnis der neutestamentlichen Schriften des Marcion, der 144 aus der römischen Gemeinde ausgeschlossen wurde, kennt den 2. Korintherbrief, der aus vier Paulusbriefen zusammengesetzt ist. Schon vorher mußte also, worauf auch die Bemerkung 2. Petr. 3,15f. hinweist, eine Sammlung von Paulusbriefen entstanden sein. Diese aber setzt voraus, daß Paulus in Korinth und in den griechischen Gemeinden um das Ägäische Meer als Apostel und Märtyrer verehrt und seine Nachfolger anerkannt wurden. Die ausschließliche Inanspruchnahme des Paulus durch Marcion aber beweist, daß es der sich auf die Apostel berufenden Kirche trotzdem nicht ganz gelungen war, Paulus zu katholisieren und ihn den andersgläubigen und abgesonderten Gemeinden zu entreißen. Die Pastoralbriefe führen den Kampf gegen die Irrlehre und für die Durchsetzung einer allgemein gültigen Glaubenslehre und Kirchenorganisation mit einer ausschließlichen Berufung auf die kirchliche und apostolische Autorität des Paulus. Sie dokumentieren darum eine selbständige Kirchenpolitik, die den Gemeinden in der Region um Korinth und Ephesus ein eigenes Gewicht zu geben versucht. Der Verfasser der drei Pastoralbriefe gehört der gebildeten Welt an und verfügt über eine leitende Stellung, die er nicht auf eine Gemeinde beschränken will. Unter Berufung auf Paulus beansprucht er eine apostolische Autorität über mehrere Gemeinden in Griechenland und im Westen von Kleinasien. Er fühlt sich berufen, die gefährdete Einheit dieser durch Abspaltung, Irrlehre und Verlotterung bedrohten Gemeinden zu retten. Dieses Ziel will er durch eine einheitliche theologische Theorie, eine gemeinsame ethische Praxis und eine ausschließliche Bindung an Paulus erreichen.

Zum Verfahren der Auslegung

Nach den Richtlinien der Herausgeber der Zürcher Bibelkommentare versucht die vorliegende Auslegung unter Berücksichtigung der heutigen Forschung einen selbständigen Weg zu gehen. Dieser soll aber die Verbindung mit der wissenschaftlichen Diskussion auch dann nicht verlieren, wenn zu einzelnen Fragen neue Antworten versucht werden und deutlich wird, daß der Ausleger mit einer exegetischen Aussage nicht nur den damaligen geschichtlichen Ort, sondern auch die heutige Situation im Leben der Kirchen und im Denken der Theologie treffen will. Die Auseinandersetzung mit der wissenschaftlichen Veröffentlichung erfolgt ohne Nennung der erfolgten Bezüge und wird zwischen den Zeilen geführt. Der orientierte Leser wird ohnehin merken, was und wer angesprochen, aufgenommen oder zurückgewiesen wird. Doch hat auch ein Leser, dem der Zugang zur speziellen Fachdiskussion nicht möglich ist, ein Anrecht auf Information über die sich stellenden Probleme und die sich anbietenden Lösungen. Die Auslegung schreitet der Versfolge entlang. Sie verweilt beim einzelnen Wortsinn, wo die Übersetzung ein besonderes Verständnis andeutet oder ein für die Aussage wesentliches Grundwort vorliegt. Besondere Aufmerksamkeit aber verwendet die Darlegung auf die Erfassung der einzelnen Abschnitte und ihre formalen und inhaltlichen Zusammenhänge.

Es gehört zur besonderen Eigenart der Pastoralbriefe, daß sich Formulierungen beständig wiederholen. Sie zwingt viele Kommentare zu zahlreichen Zusammenfassungen, Überblicken und Exkursen. Darauf wurde hier im Interesse einer besseren Lesbarkeit verzichtet. Einer kontinuierlichen Darstellung dient auch der Verzicht auf Anmerkungen. Stellenverweise werden direkt in den Text eingearbeitet. Sie gehören zur Argumentation und führen sie weiter oder grenzen sie ein. Zum handlichen Gebrauch und zur schnellen Orientierung werden dem Kommentar ein Stellenverzeichnis und weitere Register beigegeben. Die Übersetzung lehnt sich grundsätzlich eng an den griechischen Text an. Sie erlaubt sich kleinere Umstellungen, wo es die griechische Wortwahl und das Satzgefüge fordern, wenn deren Bedeutung in deutscher Sprache wiedergegeben werden soll. Absichtlich wurde aber auf jede Paraphrasierung verzichtet, um den eigenartigen Stil der Schreiben nicht zu verändern.

Literaturhinweise

Wissenschaftliche Kommentare:
Heinrich Julius Holtzmann, Die Pastoralbriefe kritisch und exegetisch behandelt. Leipzig 1880.
Gustav Wohlenberg, Die Pastoralbriefe. Leipzig ³1923 (¹1906).
Charles Kingsley Barrett, The Pastoral Epistles. Oxford 1963.
Walter Lock, A Critical and Exegetical Commentary on the Pastoral Epistles. Edinburgh ⁴1966 (¹1924).
Martin Dibelius/Hans Conzelmann, Die Pastoralbriefe. Tübingen ⁴1966 (¹1913).
Ceslas Spicq, Les Epîtres pastorales. Paris ⁴1969 (¹1947).
Norbert Brox, Die Pastoralbriefe. Regensburg 1969.
Gottfried Holtz, Die Pastoralbriefe. Berlin ²1972 (¹1965).

Gemeinverständliche Auslegungen:
Adolf Schlatter, Die Kirche der Griechen im Urteil des Paulus. Stuttgart ²1958 (¹1936).
Wilhelm Brandt, Das anvertraute Gut. Hamburg ²1959 (¹1941).
Anthony Tyrrell Hanson, The Pastoral Letters. Cambridge 1966.
Franz Josef Schierse, Die Pastoralbriefe. Düsseldorf 1968.
John Norman Davidson Kelly, A Commentary on the Pastoral Epistles. London ²1972 (¹1963).
Donald Guthrie, The Pastoral Epistles. Grand Rapids ⁶1974 (¹1957).
Joachim Jeremias, Die Briefe an Timotheus und Titus. Göttingen ⁹1975 (¹1936).

Der erste Brief an Timotheus

1,1–2   Die apostolische Zuschrift

1 Paulus, Apostel des Christus Jesus, im Auftrag Gottes, unseres Erretters, und des Christus Jesus, unserer Hoffnung, 2 an Timotheus, das wohlgeborene Kind im Glauben: Gnade, Erbarmen und Friede von Gott, dem Vater, und von Christus Jesus, unserem Herrn.

Die Eigenart des antiken Briefes, den Eingang durch die Erwähnung des Absenders, des Empfängers und eines Segenswunsches zu gliedern, wird hier nach dem Muster der früheren Paulusbriefe erweitert. Abgesehen vom 2. Timotheus- und Titusbrief erscheint der Name des Paulus ohne Nennung von Mitarbeitern nur noch im Römer- und im Epheserbrief. Paulus wird so betont als der Apostel des Christus Jesus vorgestellt. 2. Tim. 1,1 zeigt die Formulierung «Apostel des Christus Jesus durch Gottes Willen», wie wir sie aus Eph. 1,1; Kol. 1,1 und aus der Zuschrift der kleinen Briefsammlung, die der 2. Korintherbrief darstellt, kennen. Diese nachpaulinische Formulierung wird hier und Tit. 1,1–3 abgewandelt und ergänzt. Paulus tritt als einer auf, der in doppelter Beauftragung Apostel des Christus Jesus ist: Im Auftrag Gottes, unseres Erretters, und im Auftrag des Christus Jesus, unserer Hoffnung. Damit meldet sich schon in der Adresse eine ganz bestimmte Auffassung der paulinischen Glaubensbotschaft. Paulus ist der vom Rettergott beauftragte Träger einer Erlösungsbotschaft. Die Errettung aber wird als ein zukünftiges Ereignis in Verbindung mit Christus Jesus eintreffen. So spricht auch 2. Tim. 1,1 von einer Verheißung des Lebens in Christus Jesus und Tit. 1,2 erwähnt die von Gott verbürgte Hoffnung auf das ewige Leben.

Das Schreiben wendet sich an Timotheus, den es im übertragenen Sinne als ein echtes Kind des Apostels im Glauben bezeichnet. Der verwendete Ausdruck kennt ein juristisches und ein konventionelles Verständnis. Rechtlich verstanden meint er das legitime oder das legitimierte Kind und als Höflichkeitsform das hochgeschätzte und, wie 2. Tim. 1,2 nahelegt, das geliebte Kind. Die im hellenistischen Briefverkehr und auch Phil. 4,3 verwendete Höflichkeitsfloskel genügt nicht, weil angenommen werden darf, daß die Pastoralbriefe Stellen wie Phil. 2,19ff. und 1. Kor. 4,17 gekannt haben. Dort empfiehlt Paulus den Philippern Timotheus, der ihm wie ein Sohn dem Vater zugedient habe; den zu den Korinthern Entsandten nennt er seinen im Herrn geliebten und treuen Sohn. Der so anklingende Ton intimer Herzlichkeit enthält nicht einfach ein Gefühl der Verbundenheit mit dem Apostelschüler, sondern die Absicht der Legitimation. Darauf zielt auch der ergänzende Ausdruck «im Glauben», der Tit. 1,4 verdeutlicht als gemeinsamer Glaube erscheint. Damit ist der anerkannte, für die christliche Gemeinde verbindliche Glaube gemeint, wie später in den Apostolischen Vätern vom gemeinsamen Gut der Hoffnung (1. Clem. 51,1) oder vom Dienst an der gemeinsamen Sache (Ign. Phld. 1,1) gesprochen wird. So wird sichtbar, wie sich auf Paulus berufende Verkündigung und in seinem Namen erteilte Weisung sich als kirchlich autorisiertes Reden qualifizieren. Sie entsprechen dem offiziellen kirchlichen Glauben, der sich von der bekämpften Verkündigung abgrenzt.

Der fromme Segenswunsch am Schluß der Zuschrift zeigt wie 2. Tim. 1,2 eine dreigliedrige Form. Paulus bevorzugt die zweigliedrige Form «Gnade und Friede», die Tit. 1,4 vorliegt und als gottesdienstliche Segensformel gebraucht wird. 1. u. 2. Tim. 1,2 setzen «Erbarmen» dazwischen, einen Ausdruck, der nicht auf eine jüdische Formulierung wie «Erbarmen und Friede» (syr. Bar. 78,2 od. Tob. 7,12 S) zurückweisen muß, sondern im Blick auf 2. Tim. 1,16.18 und Tit. 3,5 eine für die Pastoralbriefe bezeichnende theologische Aussage andeutet.

1,3–20   Der Auftrag zur Bewahrung des rechten Glaubens

1,3–7   Die Zurechtweisung der Irrlehrer in der Gemeinde

3 Als ich nach Mazedonien weiterreiste, habe ich dich absichtlich gebeten, in Ephesus zurückzubleiben, damit du gewissen Leuten gebietest, keine anderen Lehren zu verbreiten 4 und sich nicht weiterhin mit Fabeleien und endlosen Stammbäumen zu beschäftigen. Diese dienen weit mehr (spitzfindiger) Auseinandersetzung als der von Gott anvertrauten Heilsverwaltung im Glauben. 5 Der Zweck der Zurechtweisung aber richtet sich auf die Liebe aus reinem Herzen, gutem Gewissen und ungeheucheltem Glauben. 6 Davon abgekommen haben sich manche eitlem Geschwätz zugewandt. 7 Sie wollen Gesetzeslehrer sein und verstehen, weder was sie daherreden, noch was sie behaupten.

Wie Tit. 1,5 beginnt auch hier der Brief nach dem Präskript mit einer kurzen Situationsskizze und einer energischen Zweckangabe. Die reiche Handelsstadt Ephesus wurde 133 v. Chr. Hauptort der römischen Provinz Asia. Nach Apg. 18,19–21 predigte Paulus auf der zweiten Missionsreise bei der Rückkehr nach Jerusalem in der Synagoge von Ephesus und machte die Stadt auf seiner dritten Reise in den Jahren 52 bis 55 zum Zentrum seines Wirkens. Weder mit dieser Angabe noch mit den Reisenotizen in den Paulusbriefen läßt sich die hier angenommene Situation in Übereinstimmung bringen. Als Paulus Ephesus verließ, blieb Timotheus dort nicht zurück, sondern begleitete den Apostel nach Mazedonien und Korinth und fuhr mit ihm nach Jerusalem und in die Gefangenschaft nach Rom (2. Kor. 1,1; Phil. 1,1; 2,19; Philem. 1; Kol. 1,1; Apg. 20,4).
Die vorliegende Paulus-Erinnerung beabsichtigt freilich keine historisch verläßliche Mitteilung. Sie zeichnet vielmehr eine intime Verbindung zwischen dem Apostel und Timotheus und stellt so die im Schreiben formulierten persönlichen und kirchenorganisatorischen Anweisungen unter die Autorität des Apostels Paulus. Der autoritative Stil und der mandatartige Charakter werden in der Aufforderung, nicht anders zu lehren, sofort spürbar. «Gebieten» und «Zurechtweisung» (**V. 5**) sind betonte Ausdrücke für die Erteilung kompetenter Instruktion. Von Anderslehren kann erst gesprochen werden, wenn gültige Unterweisung und moralische Normierung feststehen oder durchgesetzt werden sollen. Die im Begriff der Lehre durchgehend enthaltene moralische Komponente wird bereits sichtbar.
Die «Fabeleien» und «Stammbäume» werden bloß erwähnt, nicht näher geschildert. Auch die späteren Erwähnungen in 1. Tim. 4,7; 2. Tim. 4,4; Tit. 1,14; 3,9 (vgl. auch 2. Petr. 1,16) machen keine genaueren Angaben, sondern sind abschätzige Bemerkungen. Die Beschäftigung mit diesen Mythen und Geschlechtsregistern führt

Zürcher Bibelkommentare

fundiert und verständlich

Die «Zürcher Bibelkommentare» gibt es seit 1960. Die Reihe ist die Fortführung der 1942 gegründeten Kommentarreihe «Prophezei».

Ziel der «Zürcher Bibelkommentare» ist es, dem Bibelleser eine Verstehenshilfe zu geben, die

- wissenschaftliche Erkenntnisse verarbeitet, ohne wissenschaftlichen Stil zu pflegen,
- rasche Umsetzung in den jeweiligen Tätigkeitsbereich des Benützers erlaubt.

1976 wurde die Gestaltung der Bände neu konzipiert. Während die früheren Bände das Format 11,5 × 18 cm aufweisen, erscheinen die ab 1976 herausgekommenen Bände (nachstehend mit * bezeichnet) im Format 15,5 × 23,4 cm.

TVZ

Theologischer Verlag Zürich, Postfach, CH-8026 Zürich

Altes Testament

Walther Zimmerli	**1. Mose 1–11** (Band 1) Urgeschichte 3. Auflage, 436 Seiten, Pappband, Fr./DM 29.80	AT 1.1
	* **1. Mose 12–25** (Band 2) Abraham 150 Seiten, kartoniert, Fr./DM 18.— beide Bände zusammen Fr./DM 35.—	AT 1.2
Fritz Stolz	* **1./2. Samuel** (in Vorbereitung)	AT 9
Franz Hesse	* **Hiob** 220 Seiten, kartoniert, Fr. 27.—/DM 29.—	AT 14
Georg Fohrer	**Jesaja 1–23** (Band 1) 2. überarb. Aufl., 264 Seiten, Pappband, Fr./DM 18.80	AT 19.1
	Jesaja 24–39 (Band 2) 2. überarb. Aufl., 206 Seiten, Pappband, Fr./DM 14.80	AT 19.2
	Jesaja 40–66 (Band 3) 286 Seiten, Pappband, Fr./DM 18.80	AT 19.3
Robert Brunner	**Ezechiel 1–24** (Band 1) 2. überarb. Aufl., 268 Seiten, Pappband, Fr./DM 23.—	AT 22.1
	Ezechiel 25–48 (Band 2) 2. überarb. Aufl., 158 Seiten, Pappband, Fr./DM 16.50	AT 22.2
J. C. H. Lebram	* **Daniel** (in Vorbereitung)	AT 23
Heinrich Kühner	**Zephanja** 70 Seiten, Pappband, Fr./DM 4.50	AT 24.9
Robert Brunner	**Sacharja** 176 Seiten, Pappband, Fr./DM 13.50	AT 24.11

Theologischer Verlag Zürich
Postfach 8026 Zürich

Verlagsleitung
Brauerstraße 60

Telephon 01-241 39 38
Postcheck 80-2545

Schweizerische
Bankgesellschaft Zürich

TVZ

Mr. Prof. Dr.
Hans Dieter Betz
The Divinity School
University of Chicago
CHICAGO Ill. 60637
USA

Lieferschein   Datum 2. Oktober 1978   Unser Zeichen   B1/an

Sie erhalten beiliegend

gemäß Ihrem/unserem Schreiben vom _____ Zeichen _____

☐ Im Auftrag von _____

☐ Zur Besprechung in _____

☐ Unverlangtes Rezensionsexemplar   ☒ Freistück

☐ Belegexemplar   ☐ Prüfungsexemplar

☐ Umtausch für verbundenes / beschädigtes Exemplar

☐ _____

Hasler, Die Briefe an Timotheus und Titus

Lührmann, Der Brief an die Galater

Neues Testament

Wilhelm Michaelis	**Das Evangelium nach Matthäus** Kap. 1–7, Band 1 384 Seiten, Pappband, Fr./DM 17.80	NT 1.1
	Kap. 8–17, Band 2 392 Seiten, Pappband, Fr./DM 17.80	NT 1.2
Gottlob Spörri	**Das Evangelium nach Johannes** Kap. 12–21, Band 2 220 Seiten, Pappband, Fr./DM 13.80	NT 4.2
Ernst Gaugler	**Der Brief an die Römer** Kap. 1–8, Band 1 2. Aufl., 366 Seiten, Pappband, Fr./DM 22.80	NT 5.1
Dieter Lührmann	* **Der Brief an die Galater** 124 Seiten, kartoniert, Fr./DM 18.—	NT 7
Gerhard Barth	* **Der Brief an die Philipper** (in Vorbereitung)	NT 9
Willi Marxsen	* **Der 1. Brief an die Thessalonicher** (in Vorbereitung)	NT 11.1
Victor Hasler	* **Die Briefe an Timotheus und Titus** (Pastoralbriefe) 112 Seiten, kartoniert, Fr./DM 16.—	NT 12
Eduard Schweizer	**Der 1. Petrusbrief** 3. Aufl., 116 Seiten, Pappband, Fr./DM 19.80	NT 15
Charles Brütsch	**Die Offenbarung Jesu Christi** Johannes-Apokalypse Kap. 1–10, Band 1 2. überarb. Aufl., 416 Seiten, Pappband, Fr./DM 29.80	NT 18.1
	Kap. 11–20, Band 2 2. überarb. Aufl., 392 Seiten, Pappband, Fr./DM 29.80	NT 18.2
	Kap. 21/22, Anhang, Lexikon, Bibliographie, Band 3 2. überarb. Aufl., 396 Seiten, Pappband, Fr./DM 29.80	NT 18.3

Zürcher Bibel-Konkordanz

Das vollständige Wort-, Namen- und Zahlenverzeichnis
zur Zürcher Bibel einschließlich der Apokryphen
Bearbeitet von Karl Huber und Hans Heinrich Schmid

Das umfassendste deutschsprachige Stellennachschlagewerk
für biblische Begriffe und Realien, das je erschien

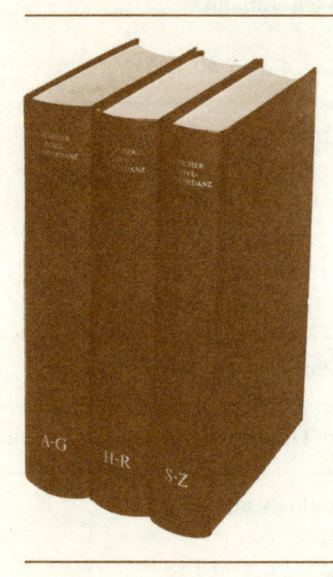

Band I A–G XXXII + 862 Seiten
Band II H–R 823 Seiten
Band III S–Z 751 Seiten
Balacron, Preis für alle 3 Bände zusammen Fr. 210.—/ DM 210.—

Die Zürcher Bibel ist im gleichen Format und im gleichen blauen Einband separat erhältlich:
Zürcher Bibel mit Apokryphen   Fr. 26.—/ DM 28.—

Zu beziehen durch:

nur zu scheingelehrter Spiegelfechterei, aber nicht zu einer moralischen Festigung der Gemeinde. Darum wird die religiöse Spekulation nach einem antiken Schema, das die anerkannten Philosophenschulen des Plato und des Aristoteles einst polemisch gegen die Sophisten (= wilde Straßenprediger) gerichtet hatten und das auch Philo von Alexandrien und die Apostolischen Väter verwenden, verdächtigt und verhöhnt. Die polemische Abweisung verzichtet auf eine sachliche Argumentation. Sie erlaubt darum keine Auskunft über das Verhältnis zu den Geschlechtsregistern des Alten Testaments und deren Verwendung in der rabbinischen Gesetzesdiskussion, geschweige denn zu den Stammbäumen im Neuen Testament (Matth. 1,1–17; Luk. 3,23–38) oder zu den Geschlechterreihen in den jüdischen Qumranschriften aus den Höhlen am Toten Meer. Vielleicht wurden bei den Irrlehrern Reihen von Götterpaaren mit Geschlechtsregistern verbunden. Aber auch dies bleibt bloße Vermutung, weil entsprechende Belegstellen für diese Zeit fehlen. Die polemische Abweisung dient der Durchsetzung des offenbarten Heilswillens Gottes.

Die Zurückweisung der scheingelehrten Irrlehre erfolgt, weil sie von der moralischen Festigung der Gemeinde ablenkt. Das reine Herz, das gute Gewissen und der ungeheuchelte Glaube bilden geprägte Ausdrücke einer sich in Tugenden und Lastern darstellenden christlichen Frömmigkeit, die den ethischen Idealen der aufgeklärten Synagoge und der stoisch-kynischen Wanderpredigt jener Zeit verpflichtet ist. Nach 2. Tim. 2,22 rufen die Christen den Herrn aus reinem Herzen an. Nicht einfach die lautere Gesinnung, sondern das von bösen Gedanken und Leidenschaften gereinigte Herz ist gemeint. Ähnlich ist das gute Gewissen zu verstehen. Nach 1. Tim. 1,19 soll Timotheus sich im Gegensatz zu den Abtrünnigen ein gutes Gewissen bewahren. Es ist das reine Gewissen gemeint, mit dem Paulus von seinen Vorfahren her Gott gedient hat (2. Tim. 1,3) und mit dem auch die Diakone der Gemeinde das Geheimnis des Glaubens verwalten (1. Tim. 3,9), während die Abgefallenen ein gebrandmarktes (1. Tim. 4,2) und beflecktes (Tit. 1,15) Gewissen haben. Im Unterschied zu paulinischen Briefstellen (Röm. 2,15; 9,1; 13,5; 1. Kor. 8,7.12 u. a.) ist in den Pastoralbriefen unter dem Gewissen nicht die moralische Instanz der Selbstbeurteilung im Innern des Menschen, sondern wie Apg. 23,1 und 24,16 seine Tugendhaftigkeit zu verstehen. Zu dem von Leidenschaften gereinigten Herzen und zur lauteren Tugend tritt der um aufrichtige Frömmigkeit bemühte Glaube. Nicht nur die enge Verbindung der formulierten Zielsetzung mit dem Vordersatz, sondern auch die unmittelbar folgende Erwähnung der Abgewichenen beweist, daß die Erhaltung der Liebe den Grund für die beauftragte Ketzerabwehr darstellt. Die angefochtene Gemeinde ist in ihrer Einheitlichkeit bedroht. Ihr Selbstverständnis als Gemeinschaft in der Liebe ist in Frage gestellt. Um dieses Einssein in der Liebe sorgen sich auch die lukanischen und johanneischen Gemeinden (Apg. 2,46; 4,32 u. ö.; Joh. 17,11.21).

Wenn die Wiederbelebung der Liebe und die erneute Festigung der Gemeinde nicht einfach als allgemeines Ziel der Verkündigung erscheinen, sondern konkret die Bekämpfung der die Gemeinschaft zerstörenden Propaganda gemeint ist, dann ist auch der griechische Ausdruck «Ökonomie Gottes» **(V. 4)** im Gegensatz zur Beschäftigung mit Fabeln und Stammbäumen im Sinne einer anvertrauten Haushalterschaft und nicht des offenbarten Heilsplanes Gottes zu übersetzen, obwohl inhaltlich die treue Verkündigung des Heilsratschlusses gemeint ist. Nach 1. Kor. 4,1 will Paulus mit seinen Mitarbeitern als Diener Christi und Verwalter der Geheimnisse Gottes gehalten werden, und nach 1. Kor. 9,17 versteht er seinen apostolischen Auftrag als ein ihm anvertrautes Haushalteramt. Nicht eindeutig ist Kol. 1,25. Die Interpretation in Eph. 3,2 und die Verbindung mit dem geoffenbarten Geheimnis Christi weisen freilich auf das Röm. 16,25f. und Tit. 1,2f. vorliegende Offenbarungsschema, in das die Sendung Christi und seines Apostels einzuordnen ist (vgl. auch Eph. 1,10; 3,9). Andere Stellen wiederum wie Tit. 1,7; 1. Petr. 4,10; Luk. 12,42; 16,1ff. und Ign. Pol. 6,1 sprechen deutlich von einer Verwaltung des Glaubens. Spürt man das durchgehende Anliegen der Ketzerabwehr auch in unserem Abschnitt, dann paßt die Betonung einer treuen Verwaltung des Glaubens auch hier, und die Erwähnung der Mythen und Geschlechtsregister wird sinnvoll.

Die Beschäftigung mit ihnen dient nur der Verbreitung einer Heilslehre, die im Widerspruch zum Evangelium steht. Darum wird sie polemisch als leeres Geschwätz abgetan. Ihre Vertreter erscheinen als Abgefallene und somit als ehemalige Christen. Sie geben sich zu Unrecht als Gesetzeslehrer aus. Ihre gelehrte Argumentation ist aber nicht einmal ihnen selber verständlich. Tit. 1,14 spricht vom Festhalten an jüdischen Mythen und Menschengeboten. Handelt es sich also um jüdische Schriftgelehrte oder um judenchristliche Missionare? Dieser Schluß wäre voreilig. Die Irrlehrer stammen nicht von außerhalb der Gemeinde und ihre Beschäftigung mit Mythen, Stammbäumen und Geboten wird nicht mit einer Beschäftigung mit dem Alten Testament verbunden. Nach 2. Tim. 3,14–17 gehört dieses vielmehr als von Gottes Geist inspirierte Schrift von Jugend auf in die Hand des Gemeindeleiters. Darum verweisen die Pastoralbriefe wiederholt auf das Alte Testament. Längst gehört es als christliche Schrift zum Besitz der Kirche.

1,8–11 Die Abweisung der falschen Berufung der Irrlehrer auf das Gesetz

8 Wir aber wissen, daß das Gesetz gut ist, wenn es einer gesetzesgemäß anwendet 9 und weiß, daß ein Gesetz nicht für einen rechtschaffenen Menschen da ist, sondern für Gesetzesbrecher und Widerspenstige, für Gottlose und Sünder, Schänder und Frevler, für Vater- und Muttermörder, Totschläger, 10 Unzüchtler, Knabenschänder, Menschenhändler, Lügner, Meineidige und was immer im Widerspruch steht zur gesunden Moral 11 nach dem Evangelium von der Herrlichkeit des seliggepriesenen Gottes, mit dem ich betraut worden bin.

Die nicht ohne Spott gerügte Selbstbezeichnung der Gegner als Gesetzeslehrer veranlaßt die eigene Stellungnahme zur Bedeutung des Gesetzes. Im selbstbewußten Wir-Stil des nach paulinischem Muster geformten Neueinsatzes «Wir aber wissen» (vgl. etwa Röm. 3,19; 7,14) formuliert sich die kirchenleitende und sich auf Paulus berufende Autorität. Dabei erscheint die Aussage «Das Gesetz ist gut» nicht als eigentliches Zitat von Röm. 7,16, sondern als eine danach gebildete Sentenz. Diese versteht das Gesetz nicht im Sinne des Paulus als alttestamentliches Gebot Gottes, sondern als das Zivil- und Moralgesetz des herrschenden Staates. Es formuliert die gültige Sittlichkeit und verteidigt die Tugend gegen das Laster und das moralische Verbrechen.

Entsprechend nennt nun die lasterkatalogähnliche Aufreihung in drei Doppelausdrücken vorerst die aus dem gültigen Ordnungsgefüge Ausgebrochenen und darauf in drastischer Konkretheit die Täter des Abscheulichen. Ein Vergleich mit Röm. 1,29–32 beweist, daß solche Aufzählung des Ungebührlichen einem alten und verbreiteten Muster einer allgemeinen sittlichen Volksbelehrung folgt. Darum wäre es falsch, daraus auf einen moralischen Tiefstand der bekämpften Gegnerschaft zu schließen. Vielmehr wird die fromme Gelehrtheit, mit der sich die Irrlehrer als Gesetzeskundige ausgeben, für die Gemeinde als sinn- und nutzlos hingestellt. Eigentliche Gesetzesgelehrte beschäftigen sich doch nur mit Gesetzen, die zur Bestrafung von Verbrechern aufgestellt werden. Darum braucht die Gemeinde für ihre Lebensführung auch keine Vorschriften, die sich aus dem Studium von Geschlechtsregistern und Mythen ergeben würden. Ihre moralische Ordnung empfängt sie vielmehr aus der auf das paulinische Evangelium zurückgeführten Verkündigung in der Gemeinde. Die authentische Glaubensbotschaft enthält auch die gesunde Lehre für eine christliche Lebensführung. Wenn (V. 11) vom Evangelium der Herrlichkeit des seliggepriesenen Gottes die Rede ist, dann wird diese sittliche Ordnung nicht mehr auf eine endzeitliche Vollendung der Herrschaft Gottes ausgerichtet, sondern steht unter dem Eindruck der gegenwärtigen Macht- und Triumphstellung eines majestätischen Gottes, dessen erlösende Botschaft Paulus als der beauftragte Apostel an die auf ihn hörende Kirche weitergibt.

1,12–17 Das Apostelamt des Paulus als Ausdruck des universalen Retterwillens Gottes

12 Ich danke dem, der mich stark gemacht hat, Christus Jesus, unserem Herrn, daß er mich für treu erachtet und in den Dienst gestellt hat, 13 der ich zuvor ein Lästerer, Verfolger und Peiniger gewesen war. Aber mir wurde Erbarmen zuteil, weil ich aus Unwissenheit im Unglauben gehandelt hatte. 14 So erwies sich die Gnade unseres Herrn als überreich an Glaube und Liebe, die in Christus Jesus sind. 15 Zuverlässig und aller Anerkennung wert ist das Wort, daß Christus Jesus in die Welt gekommen ist, um Sünder zu retten, – unter denen ich der erste bin. 16 Gerade darum aber wurde mir Erbarmen zuteil, damit Jesus Christus an mir als erstem die ganze Langmut erzeigen konnte, zum Beispiel für alle, die in Zukunft im Vertrauen auf ihn an das ewige Leben glauben werden. 17 Dem König über den Äonen aber, dem unvergänglichen, unsichtbaren und alleinigen Gott, sei Ehre und Ruhm in alle Ewigkeit. Amen.

Nachdem ein erster Abschnitt dargelegt hat, warum der mit dem Evangelium betraute Apostel seinen Schüler Timotheus in Ephesus zurückließ, weist nun der zweite Abschnitt auf die einzigartige Bedeutung der Person und des Apostelamtes des Paulus. Darin zeigt sich ein kunstvoll und bewußt gewählter Aufbau: Der Eröffnung einer Front gegen die Irrlehrer folgt die grundlegende Darlegung eines Paulusbildes, das die Kirche am Anfang des 2. Jahrhunderts zu ihrer Ausrüstung für den Abwehrkampf gegen die Irrlehre braucht. Sie beginnt hier mit einer an die Danksagung des paulinischen Briefformulars erinnernden, aber davon abweichenden und in 2. Tim. 1,3 wiederholten Formulierung und schließt, ebenfalls nach paulinischer Art, mit einer Lobpreisung.
Welche Einzelzüge dieses Paulusbildes werden faßbar? Die paulinische Formulierung «Ich vermag alles durch den, der mich mächtig macht» (Phil. 4,13) wird in der nachapostolischen, auf Paulus hörenden Gemeinde zur religiösen Sprachformel der persönlichen Erbauung (vgl. neben 2. Tim. 2,1 und 4,17 auch Eph. 6,10). Diese an der Glaubensbasis angenagte, innerlich zerstrittene und von außen bedrohte Christenheit bedarf dringend der Stärkung und einer Klärung ihres Glaubenslebens. Sie erfolgen hier durch die Ausrichtung auf eine zum Muster erklärte Heilserfahrung und auf den Ursprung des Apostelamtes des Paulus. Die Bewertung des vorchristlichen

Paulus entspricht nicht den Selbstaussagen in den Paulusbriefen (Gal. 1,13-14; 1. Kor. 15,9-10; Phil. 3,4-8). Wohl bekennt Paulus, die Gemeinden Gottes verfolgt zu haben, aber es geschah nicht aus Verderbtheit und Gottlosigkeit, sondern aus verkehrtem Übereifer für den jüdischen Glauben. Die Zeit vor der Bekehrung des Apostels wird in unserem Abschnitt mit denselben düsteren Farben gemalt wie das verderbliche Leben der Heiden (Tit. 3,5) und der Christen vor ihrer Aufnahme in die Gemeinde.

Dieses unmoralische Vorleben der Christen, das sich in der Schilderung des vorchristlichen Lebens des Paulus spiegelt, findet eine eigentümliche und für die theologische Auffassung der Pastoralbriefe charakteristische Erklärung. Paulus fand Erbarmen, weil er aus Unwissenheit und im Unglauben so schlecht gehandelt hatte und von Christi Großmut geduldig ertragen wurde. Dieses Motiv der sündertragenden Langmut eines nachsichtigen Gottes findet sich auch Apg. 3,17; 13,27 und 17,30. Unwissenheit besteht, weil die moralische Verwerflichkeit des vorchristlichen Handelns ohne Erleuchtung durch die Glaubensbotschaft gar nicht erkennbar ist. Eph. 4,17.18; 1. Petr. 1,14; Hebr. 5,2; Ign. Eph. 19,3 beweisen die weite Streuung dieser Vorstellung um die Jahrhundertwende. Woher mag sie stammen? Ein gewisses, von stoischem Denken bestimmtes Verständnis findet sich schon bei Philo. Danach aber erscheint die Unwissenheit als unentschuldbar und unverantwortlich, und darum als strafbar. So legt sich ein anderer Zusammenhang nahe. Es ist an die gegensätzliche Weltanschauung der hellenistischen Mischreligionen zu denken, aus denen in unbekannter Vielzahl die gnostischen Systeme erwuchsen. Dieser Gläubige war vor seiner Erleuchtung und Belehrung durch eine überirdische Offenbarungsgröße, die als Personifikation der Weisheit, des Wortes oder des Geistes der Gottheit in Erscheinung tritt, in einem Zustand der Blindheit, der Verfinsterung oder auch der Trunkenheit, aus dem er als Berufener oder Erwählter aufwachen durfte. Um dieses gnostische Selbstverständnis des Gläubigen weiß Paulus bei seinen Gegnern in Korinth (1. Kor. 15,34) und aus hellenistischer Tauftradition, die er Röm. 3,25f. interpretiert. Bedenkt man die durchgehende Unterstellung des Vorlebens unter den Zorn Gottes, wie z. B. Röm. 3,23 «Alle haben gesündigt und mangeln des Ruhmes vor Gott» formuliert, dann wird der Unterschied zwischen Paulus und den Pastoralbriefen greifbar. Dieser Unterschied erstreckt sich auch auf das abgewandelte Verständnis der im Heilswerk Christi durchgeführten Erlösung des Menschen.

Der Rückgriff auf die Bekehrung des Paulus zeigt nicht auf die in Christus erfolgte Rechtfertigung des Sünders, sondern die beispielhafte und barmherzige Hinführung zu einem Glauben, der ins ewige Leben und damit in eine zukünftige Erlösung führen wird. Der mit einer rhetorischen Merkformel hervorgehobene Spruch «Christus Jesus ist in die Welt gekommen, um Sünder zu retten» entspricht dem im Anschluß an die Zachäusperikope von Lukas (Luk. 19,10) geformten Jesuswort nur scheinbar. Die Bindung des Heils an den gekommenen Sünderheiland in der lukanischen Missionspredigt wird hier zur Bindung an eine sich als paulinisch-apostolisch ausgebende Christusverkündigung, welche den im Tod und in der Auferweckung Christi geoffenbarten Heilswillen an alle Menschen weitergibt und ihnen so die Hoffnung auf eine Erlösung im ewigen Leben schenkt. In diesem Deutungsgefälle liegen auch die universalen Heilsaussagen 1. Tim. 2,4. 6; 4,10 u. a. Nicht das von Christus vollbrachte Heilswerk, sondern die im Erscheinen Christi erfolgte Offenbarung des barmherzigen und geduldigen Erlöserwillens, die gleichsam in Christus menschgewordene Zusage des ewigen Lebens, ist das unerschütterliche Fundament des Glaubens, der des zukünftigen Heils gewiß ist. So zeichnet die Danksagung, in welcher theologische

Reflexion zur lobpreisenden Anbetung der Herrlichkeit Gottes wird, den Christusglauben der griechischen Kirche nach dem Offenbarungsschema der hellenistischen Religiosität. Sie reduziert dabei die sonst auf die Erlösergestalt Christi ausgerichtete Heilslehre auf eine im engeren Sinne theologische Erlösungslehre und legitimiert sie in Abweisung falscher Verkündigung als apostolisch, indem sie unter die Autorität des Paulus gestellt wird.

Die abschließende Danksagung entspricht der Form nach dem Lobpreis im Gottesdienst der hellenistischen Synagoge. Im dort gerne gelesenen Tobiasbuch findet sich auch die Aufforderung zum Preisen des Königs der Welten (Tob. 13,7.11), wo auch die Äonen nicht als zeitliche Epochen, sondern als räumliche Größen erscheinen und Gott als Weltenherrscher im Himmel thront. Die Aufnahme dieser Vorstellung in die christliche Liturgie der Jahrhundertwende beweist der 1. Klemensbrief (1. Clem. 61,2), im neutestamentlichen Kanon aber die entsprechenden Danksagungen in Röm. 16,27 und Jud. 25, ganz abgesehen von dem zu einem eigentlichen Hymnus ausgeweiteten Lobpreis am Schluß unseres Briefes (1. Tim. 6,15–16).

1,18–20 Die geistliche Zurüstung des Apostelschülers

18 Diesen Auftrag übergebe ich dir, (mein) Sohn Timotheus, im Sinne der auf dich zuvor ergangenen prophetischen Weissagungen, damit du ihrer eingedenk den guten Kampf kämpfest 19 (und) dabei den Glauben und ein gutes Gewissen bewahrst. Manche haben dieses über Bord geworfen und bezüglich des Glaubens Schiffbruch erlitten. 20 Zu ihnen gehören Hymenäus und Alexander, die ich dem Satan übergeben habe, damit sie gezüchtigt werden und mit Lästern aufhören.

Das durch das ganze erste Kapitel hindurchlaufende Thema der apostolischen Beauftragung eines dem paulinischen Erbe verpflichteten Kirchenleiters wird nochmals ausdrücklich aufgenommen und die Zuweisung der Verantwortung angesichts der verheerenden Umtriebe durch Erinnerung an die früher erfolgte Indienstnahme erhärtet. Die dabei betonte Bindung an Paulus wird aus dem angestrebten persönlichen Stil sichtbar, in dem Timotheus als Kind des Apostels angesprochen wird. Deutlich aber treten die tatsächlichen, späteren Verhältnisse hervor. Die Verpflichtung zur Auseinandersetzung mit der Irrlehre erfolgt im Rahmen der Bestellung zum Leiteramt und gehört zur Aufgabe, über die Verkündigung in der Gemeinde zu wachen.

Deutlich vollzieht sich die Aussonderung auf Grund von prophetischen Verlautbarungen in der Gemeinde. In 1. Tim. 4,14 wird diese prophetische Zuweisung zum Amt nochmals hervorgehoben und zur Handauflegung durch das Presbyterium in Parallele gesetzt. Die Aussonderung zum Kampf gegen die Irrlehre erfolgt ähnlich jener zum Missionsdienst des Paulus und des Barnabas in Apg. 13,2 durch einen prophetischen Zuruf in der gottesdienstlichen Gemeinde. Solche prophetische Aussprüche im Kultus der hellenistischen Gemeinden wurden als Anweisungen des erhöhten Herrn Jesus Christus verstanden. Im Unterschied zu den endzeitlichen Heils- und Unheilssprüchen der in den judäischen Frühgemeinden umherziehenden Wanderpropheten zeigen sie nicht zukünftige Ereignisse, Rettung oder Untergang an, sondern erteilen der Gemeinde Weisung für die Gestaltung des persönlichen und gemeinschaftlichen Lebens. Die hier (**V. 18**) erwähnten, auf Timotheus ergangenen Prophezeiungen sind nicht als Voraussagen seiner persönlichen Zukunft zu verstehen. Sie sind charismatische Aufforderungen der betenden Gemeinde an die verantwortliche Leitung, Timotheus mit dem Aufbau der Gemeinde und mit der Abwehr der Irrlehrer zu betrauen. Es ist bedeutsam, daß die Unterordnung des Kirchenleiters unter die apostolische Autorität des Paulus die Autonomie und Entscheidungsbefugnis der gottesdienstlichen Versammlung nicht antastet, sondern die Lokalgemeinde respektiert. Dies spricht gegen eine übergemeindliche, oberbischöfliche Organisation in den Kirchen der Jahrhundertwende. Der Bischof bleibt Gemeindeaufseher und erfüllt eine organisatorische Funktion. Sie wird ihm durch den charismatischen Rechtsspruch der gottesdienstlichen Versammlung zugewiesen. Die Verpflichtung und die Einsetzung in das Bischofsamt erfolgt durch die Handauflegung der Gemeindeältesten. Er verfügt über keine eigene geistliche oder hierarchische Autonomie. Es muß vielmehr auffallen, daß Timotheus eindringend ermahnt wird, der kirchlichen Berufung und Einsetzung im Sinne einer getreuen Verwaltung des paulinischen Erbes eingedenk zu bleiben und den ihm überstellten Auftrag in dieser Rückbindung und nicht in eigenmächtiger Kompetenz zu erfüllen.

Drohend werden als abschreckende Beispiele die vom Glauben abgefallenen und schiffbrüchigen Hymenäus und Alexander hingestellt. Timotheus soll «den guten Kampf» erfolgreich «kämpfen». Die wörtliche Bedeutung des griechischen Ausdrucks meint die erfolgreiche Durchführung eines militärischen Feldzuges. Es geht also nicht um eine persönliche Glaubensheiligung, sondern um die Aufrechterhaltung und Rückgewinnung der rechten Glaubenslehre und der moralischen Integrität, um die Glaubens- und Lebensheiligung der durch religiöse Verführer angefochtenen Gemeinde. Am Glauben und am guten Gewissen gilt es festzuhalten. Wehe, wenn Timotheus selber zum Abweichler würde! Dem beauftragten Lehrer und Prediger droht der Ausschluß. Wenn er eine fremde Lehre verkündigt, dann wird er dem Satan zur Züchtigung übergeben. Deutlich schlägt hier, wie auch Tit. 3,11, die Stelle 1. Kor. 5,5 durch. Die von Paulus befohlene Praxis wird nun zum kirchenrechtlichen Modell. Sein Ausschlußverfahren gegen den Blutschänder in Korinth richtet sich jetzt gegen den Irrlehrer. Der beauftragte Gemeindeleiter ist lehrmäßig gebunden. Was als kirchliche Verkündigung zu gelten hat, das sagt ihm die in der Gemeinde überlieferte und durch das Presbyterium verwaltete Glaubenslehre.

Hymenäus und Alexander sind nicht näher bekannt. Vielleicht verbergen sich hinter den Namen andere Personen. Wichtiger ist die sachliche Aussage. Ketzerische Tätigkeit in der Gemeinde wird als ein moralisches Vergehen beurteilt. Sie verunreinigt die Kirche, die sich nach Tit. 2,14 als das «von aller Ungesetzlichkeit zu reinigende und für Christus Jesus zu heiligende Eigentumsvolk» versteht. Der Irrlehrer frevelt gegen die Heiligkeit der christusgehörenden Gemeinde und wird zum Lästerer. Seine falsche Verkündigung ist Lästerung und erscheint darum folgerichtig als moralische Disqualifikation in den Lasterkatalogen 1. Tim. 6,4 und 2. Tim. 3,2 (wie auch in Herm. mand. 8,3 und Did. 3,6) und als Verlästerung des Namens und des Wortes Gottes (1. Tim. 6,1; Tit. 2,5; 3,2). Der Ausschluß des Lästerers und Lasterhaften aus der Gemeinde verhindert die Verlästerung. Dabei wird die Ausstoßung nicht als seelsorgerlich-pädagogische Maßnahme verstanden. Der Satan oder Teufel ist nicht Umerzieher, sondern der Verderber, der die Menschen nicht zum Heil zurück-, sondern von ihm wegführt (1. Tim. 5,15). Die Nachfolge hinter ihm her oder die Verstoßung zu ihm hin bedeuten darum den Heilsverlust, die Verdammung (vgl. auch Tit. 3,10f.).

2,1–3,16 Die Ordnung der Kirche

2,1–7 Der liturgische Auftrag der Gemeinde

1 In aller erster Linie fordere ich, Bitten und Gebete zu veranlassen, Fürbitten und Dankgebete für alle Menschen, 2 für Könige und alle, die eine obrigkeitliche Stellung einnehmen, damit wir ein friedliches und ungestörtes Leben in aller Gottesfurcht und Ehrbarkeit führen können. 3 Das ist gut und wohlgefällig vor Gott, unserem Erlöser, 4 der will, daß alle Menschen errettet werden und zur Erkenntnis der Wahrheit gelangen. 5 Denn: Einer nur ist Gott, einer nur auch Mittler zwischen Gott und Menschen, der Mensch Christus Jesus. 6 Er gab sich selber als Lösegeld für alle dahin. Diese (Heils-)Bezeugung (gilt) für bestimmte Zeiten. 7 Dazu wurde ich zum Verkündiger und Apostel bestellt, Wahrheit bezeuge ich und lüge nicht, zum Lehrer für die Völker im Glauben und in der Wahrheit.

Die Aufforderung zur Fürbitte für alle Menschen steht an der Spitze der nun folgenden gottesdienstlichen und gemeindeorganisatorischen Anweisungen. Obwohl innen und außen bedrängt und in deutlicher Abwehr begriffen, igelt sich diese Gemeinde nicht in einen abgeschlossenen Kultus ein, um so für sich selber und vor einer feindlichen Welt durch kirchliche Betriebsamkeit eine bessere Identität zu finden. Sie wählt auch nicht den Weg einer schlauen Anpassung an die politischen und sozialen Bedürfnisse der Gesellschaft, um im herrschenden System die eigene Existenz zu rechtfertigen. Weder weltflüchtig noch weltförmig, sondern weltoffen wird hier die in Frage gestellte Kirche in einem inneren Zusammenhang mit der vorangehenden Anordnung zur Bewahrung des rechten Glaubens auf ihren Gottesdienst verwiesen, den sie als Gebetsdienst für alle Menschen verstehen soll. Die gottesdienstliche Praxis der Kirche hat dabei genau der Botschaft zu entsprechen, die sie im Hören auf Paulus als apostolisches Zeugnis weitergibt. Wie die Abweisung der Irrlehre, so erfolgt auch die Gestaltung des Gottesdienstes als Verantwortung des überkommenen und verkündigten Glaubens. Diese Verantwortung vollzieht sich dadurch, daß der Gehalt der Botschaft die gottesdienstliche Handlung bestimmt. Ihr Gehalt besteht ja darin, daß sich Gott in der Hingabe des Christus Jesus als Erlöser aller Menschen geoffenbart hat. So wird die Liturgie der Gemeinde zum apostolischen Dienst für alle Menschen. In ihm setzt sich der Dienst fort, zu dem sich Paulus selber bestellt wußte. Dieser heilsuniversale Gesichtspunkt verbindet unsern Abschnitt mit dem vorangehenden. Er differenziert und begründet die liturgische Anweisung aber auch im Einzelnen.
Die vier Ausdrücke in V.1 sind nicht als bloße Überfüllung der liturgischen Sprache zu beurteilen, sondern im Zusammenhang des ganzen Aussagegehaltes zu werten. Die Anweisung fordert zuerst das Bittgebet der Gemeinde. Bitten ist das Geschäft der Bedürftigen und Bettelarmen. Als solche treten die Glieder der Gemeinde zu ihrem Gebetsdienst für die Welt zusammen. Wie im Sendschreiben an den Engel der Gemeinde zu Laodicäa Offb.3,17f. wird auch diese Gemeinde auf ihre Armseligkeit verwiesen. Gerade die Pastoralbriefe wenden sich an eine Kirche, die innerlich zerstritten, äußerlich verlottert und moralisch wenig gefestigt dasteht. So bleibt ihr nur das Bitten. Der zweite Ausdruck bleibt inhaltlich unbestimmt und betont

darum den Vorgang des Betens. Betend trägt die Gemeinde ihre Bedürftigkeit in den Überschwang der Herrlichkeit Gottes. Aber gerade dieser bittende Ruf, der aus der Armut der Kirche emporsteigt vor Gottes Thron, ist Dienst der Gemeinde an der Welt. Ihr Gebet wird zur priesterlichen Fürbitte für die verlorene Menschheit. Darauf weist der dritte Ausdruck. Er bedeutet die Vor- und Fürsprache bei Gott. Die fürbittende Gemeinde glaubt an den rettenden Gott, indem sie sich als sein Rettungswerkzeug versteht. Sie glaubt an den einen Mittler zwischen Gott und Menschen, indem sie selber für die Welt eintritt und um die Durchsetzung des rettenden Glaubens zu Gott fleht. Zur Liturgie der bettelnden, betenden, fürbittenden Gemeinde gehört endlich der anbetende Lobpreis. Darum folgt als vierter Ausdruck die Danksagung. Auch das eucharistische Gebet der Abendmahlsfeier ist Erhebung zum Spender der Gnade. Die Erwähnung der Hingabe des Mittlers als Lösegeld läßt an ein Bruchstück aus einer Abendmahlsliturgie denken. Die Betonung liegt aber nicht auf der Forderung einer eucharistischen Feier oder der Darbringung eines geistlichen Opfers für die Welt, sondern auf der den Retter lobenden Bedeutung des Gemeindegebetes. Dieses Gebet dient der Ehrung des in der Gemeinde verkündigten Menschheitserlösers. Die gebotene Liturgie als ganze entspricht so dem universalen Heilsglauben der Gemeinde. Sie versteht sich selber als die Schar der von Gott in das zukünftige ewige Leben Hineingeretteten, die nicht nur der göttlichen Heilszusage Glauben schenken durften, sondern nun auch Träger und Verwalter dieser weltweiten Heilsbotschaft geworden sind.

Für die Erfassung der theologischen Aussage ist nicht nur der durchgehende heilsmissionarische Gesichtspunkt zu beachten, sondern auch der damit verbundene und konsequent durchgehaltene Wortcharakter. Diese Gemeinde gründet ihre Heilsgewißheit nämlich nicht auf ein ereignetes Heilsfaktum oder ein empfangenes Heilssakrament, sondern auf die Verläßlichkeit der durch die apostolische Predigt vernommenen und übereigneten Heilszusage. Gläubig klammert sie sich an das geoffenbarte Verheißungswort Gottes und gewinnt daraus die Freiheit, mitten in einer Bedrängnis, die sie unablässig zum Bitten zwingt, Gott für das verheißene Heil zu danken und in ihm den zukünftigen Erlöser zu preisen.

Das Anliegen der gottesdienstlichen Fürbitte besteht darin, daß alle Menschen zur Erkenntnis der Wahrheit dieses Verheißungswortes und zum Glauben an den universalen Retterwillen Gottes gelangen können (**V. 4**). Mit der Formulierung des Glaubens als Erkenntnis der Wahrheit meldet sich nicht eine Verschiebung in Richtung auf eine griechische Intellektualisierung. Auch die Annahme einer vollzogenen Abgrenzung von einer ketzerischen Erkenntnislehre bleibt bloße Vermutung. Die Erkenntnis der Wahrheit meint vielmehr die Einsicht in die Verläßlichkeit der Heilsbotschaft und die Gewißheit über die zukünftige Erlösung, allgemein das Christwerden überhaupt (vgl. 1. Tim. 4,3; 2. Tim. 3,7; 2. Joh. 1). Darum schließt die liturgische Anweisung nicht ohne Rückweis auf Paulus und damit auf die Autorität des mit dem Zeugnis über die erfolgte Offenbarung des göttlichen Heilsratschlusses beauftragten Verkündigers, Apostels und Lehrers der Völker. Die Berufung auf Paulus garantiert die in der Gemeinde verkündigte Botschaft als apostolisch und damit als verläßliche Wahrheit.

Was bezweckt die in **V. 2** ausgeführte Fürbitte für die Könige und öffentlichen Beamten? Soll die Gemeinde darum bitten, daß auch jene vom Glauben erfaßt und für das Christentum gewonnen werden? Gehört in die Gebetsanweisung dieser Kirche die Aufforderung zur Bitte um die Bekehrung der heidnischen Obrigkeit? Oder hat die Gemeinde Gott dafür zu danken, daß die kaiserliche Macht die Ordnung im

Staate aufrecht zu halten vermag? Das synagogale Gebet des hellenistischen Judentums kennt die Bitte um das Wohlergehen der herrschenden Macht (1. Makk. 7,33; Bar. 1,10–13; häufig bei Philo, In Flaccum 49) wie auch das Alte Testament (II Esr. 6,10; Jer. 36(29),7) und das hebräische Judentum (Sprüche der Väter 3,2). Auch die griechische Kirche in der Zeit der Pastoralbriefe betet für die Wohlfahrt des Kaisers (1. Clem. 61,1; Polyk. 12,3). Davon verlautet in der Gebetsaufforderung in V. 2 nichts. Die traditionellen und zeitgenössischen Muster sind nicht übernommen. Zwar wird der Inhalt der Fürbitte nicht formuliert, sondern der Zweck des Betens genannt: Die Gemeinde möchte ein ruhiges und stilles Leben in ehrbarer Frömmigkeit führen. Geht es ihr dabei um eine selbstzufriedene und manierliche Pflege der eigenen frommen Gärten? Sucht sie die eigensüchtige Ruhe einer verängstigten kleinen Bürgerlichkeit? Bezweckt sie die Bewahrung einer störungsfreien Zone und die Abschirmung einer christlichen Enklave? Wird darum in schlauer Berechnung das Gebet zu einer öffentlichen Loyalitätserklärung umfunktioniert? Alle diese Fragen und Verdächtigungen fallen unter den Tisch, sobald erkannt wird, in welcher Weise die Aufforderung zum Gebet für die Obrigkeit in den Zusammenhang der ganzen Liturgieanweisung eingeschoben und motiviert wird. V. 1 findet in V. 3 formal und sachlich eine unmittelbare Fortsetzung. Formal bildet V. 2 eine Anreihung zum vorangehenden «Für alle Menschen» und liefert für diesen Einbezug der Könige und Beamten eine spezielle Begründung, während die Begründung für V. 1 in den V. 3–7 folgt. Der Griff nach der ganzen Menschheit des in seinem umfassenden Heilswillen offenbar gewordenen Rettergottes bestimmt und begründet die Gebetsordnung. Die Gemeinde hat das weltbürgerliche Lebensgefühl des römischen Kaiserreichs aufgenommen und versteht den überkommenen Glauben neu als Erlösungsbotschaft für die ganze Menschheit. Der Einschluss der Obrigkeit ins gottesdienstliche Gebet stellt die Regierung unter den lenkenden und bewahrenden Willen Gottes, damit Bedrückung und Verfolgung aufhören und das Evangelium seinen Weg in die Welt hinaus finden kann. Die Gemeinde hält daran fest, daß ihr eine erlösende Botschaft anvertraut ist, die zu allen Menschen kommen muß. Die Christen standen außerhalb des römischen Vereinsrechtes, wurden von der Polizei gesucht, von der Masse beargwöhnt und von den Gebildeten verachtet. Ihnen ging es beileibe nicht um die Erfüllung Biedermeier'scher Wunschträume, bzw. um die Verwirklichung eines stoischen Lebensideals, sondern um die Befreiung aus Repression und Verfemung und damit um Freisetzung zum missionarischen Dienst.
Es gehört zum eigentümlichen Sprachstil der Pastoralbriefe, daß sich bei entscheidenden Schlüsselstellen der Inhalt in formelhaften Sätzen ausdrückt, die den Eindruck von geprägten Sentenzen hinterlassen. Ihre einzelnen Elemente bestehen oft aus Fragmenten der Unterrichts- und Gottesdiensttradition der hellenistischen Gemeinden. So formuliert V. 5 nach dem Muster der gottesdienstlichen Anrufung des Einen Gottes, wie sie die Synagoge nach 5. Mose 6,4 formuliert und auch Paulus in 1. Kor. 8,6, durch die zusätzliche Anrufung des Einen Herrn Jesus Christus zur zweigliedrigen Formel ergänzt, aufgenommen hat. In V. 6 wird eine Hingabeformel aus dem Taufunterricht zitiert, die in Mark. 10,45b noch in einer älteren Form erscheint. Zwischen diese beiden Bruchstücke aus dem Gottesdienst und aus dem Unterricht schiebt sich in metrischer Prosa die betonte Aussage über den Einen Mittler zwischen Gott und Menschen, über den Menschen Christus Jesus.
Wie ist dieser Ausdruck «Der Mensch Christus Jesus» zu verstehen? Er bezieht sich rückwärts auf die Erwähnung des einen Mittlers und vorwärts auf das Lösegeld. Im Neuen Testament sprechen nur Hebr. 8,6; 9,15 und 12,24 von Jesus in der

Funktion eines Mittlers im Sinne eines Vermittlers des neuen Bundes. Entsprechend erwähnt Paulus Gal. 3,19 f. Moses als Vermittler des Sinaibundes. Eine andere Bedeutung zeigt der Mittlerbegriff Hiob 9,32 f. Hier wünscht sich Hiob im Rechtshandel mit Gott einen Ermittler vor dem Untersuchungsgericht. Diese Hiobstelle ist die einzige im Alten Testament, an welcher das Wort für Mittler vorkommt. Weder sie noch die wenigen erwähnten Briefstellen verbinden damit einen Sinn, der 1. Tim. 2,5 gemeint ist. Auch ein Ausdruck im rabbinischen Schrifttum paßt nicht, weil er einen Unterhändler bezeichnet. Im hellenistischen Judentum ist es Philo, der den Mittlerbegriff besonders auf Moses bezieht, dabei nicht nur vom Vermittler des Gesetzes oder vom Fürsprecher spricht, sondern von einem Mittler, der sich selber als Mittel der Versöhnung zwischen Gott und die Menschen stellt und dabei überirdische Züge annimmt. Die Testamente der 12 Patriarchen kennen im Testament des Dan (6,2) einen Fürbitteengel Gottes, von dem es, unserer Stelle wörtlich entsprechend heißt: «Er ist der Mittler zwischen Gott und Menschen.» Bieten sich im religionsgeschichtlichen Umkreis noch weitere Mittlervorstellungen zum Vergleich an? Unter den zahlreichen Religionen der Umwelt begegnet uns in der Mysterienfrömmigkeit der römischen Soldaten der Gott Mithra als ein Mittler. Aber Mithra ist nicht Mittler zwischen Menschen und Gott, sondern Vermittler des kosmischen Sieges nach der Überwindung der chaotischen Götter. In den gnostischen Texten aber tritt der Begriff des Mittlers nicht hervor. Der durch die himmlischen Sphären auf die Erde hinabsteigende Erlöser bringt den in die Materie verstrickten Lichtmenschen lediglich die erleuchtende Kenntnis ihrer Zugehörigkeit zur obern Welt.

So bleibt hier die Erwähnung des Mittlers im Vorstellungsbereich des hellenistischen Judentums und verbindet ihn im Gegensatz zur Galaterbriefstelle des Paulus positiv mit dem Bekenntnis des Einen Gottes. Zum Einen Gott aller Welt der griechischen Synagoge tritt der eine universale Heilsmittler der griechischen Kirche. Die Wiederholung der göttlichen Eins-Formel in der Verbindung mit Christus Jesus zu einem doppelten gottesdienstlichen Gebetsruf beweist die gottheitliche Würdestellung des Mittlers. Schon bei Paulus findet sich dieser kultische Doppelruf der hellenistischen Kirche, wenn er schreibt: «So gibt es für uns nur einen Gott, den Vater, von dem alle Dinge sind und wir zu ihm, und einen Herrn, Jesus Christus, durch den alle Dinge sind und wir durch ihn» (1. Kor. 8,6). Wenn auch an unserer Stelle V.5 das allschöpferische Moment nicht anklingt, so bleibt doch die Göttlichkeit Jesu gewahrt. Die betonte Voranstellung des «Menschen» meint darum weder die Menschwerdung noch das Menschsein Jesu, weder die Fleischwerdung des Himmlischen noch die Solidarität des Irdischen. An Entsprechungen zum Christuslied im Philipperbrief (Phil. 2,6–11) ist nicht zu denken. Im Hintergrund steht nicht das gnostische Wegschema vom herabsteigenden Erlöser, sondern die Offenbarungsvorstellung der griechischen Göttersagen. Auch das Mittragenkönnen an der menschlichen Schwachheit, weil Jesus ein Mensch war wie andere Menschen, wird nicht ausgesagt (vgl. Hebr. 4,15). Dieses Christentum schöpft vielmehr wie Paulus selber aus dem überlieferten Abendmahlskerygma und bekennt den Sühnetod Christi als ereignete Versöhnung des Einen Gottes. Hier wird von der Kirche her weder das verwirklichte Modell einer steilen Humanität angepriesen noch der Typus des Neuen Menschen aufgezwungen. Hier dient die Gemeinde der Welt, indem sie die Heillosigkeit ihrer Zeit betend in die bezeugte Versöhnung Gottes hineinzieht.

Zum Verständnis des betont als Mensch bezeichneten Christus Jesus ist die Beziehung zum unmittelbar angeschlossenen Lösegeld-Wort zu beachten. Das traditio-

nelle Motiv des Loskaufes und der Übereignung (vgl. 1. Kor. 6,20; 7,23; Gal. 1,4) schwingt hier, wie ein Blick auf Tit. 2,14 belehrt, deutlich mit. Dennoch wird seine Bedeutung für die Erlösungslehre nicht näher entfaltet. Die Pastoralbriefe reflektieren nicht den Heilscharakter des Todes Jesu, sondern verkündigen die universale Erlösung durch den Einen Allerweltsgott. Die überlieferte und im Mahlkultus ritualisierte Dahingabeformel bezeugt jetzt den offenbarten und alle Menschen einschließenden Heilsratschluß des Einen Gottes. Der Tod Jesu, im hergebrachten liturgischen Wort als Heilsfaktum gemeint, dient hier zum Ausdruck eines gewandelten Verständnisses. Der Tod des Menschen Christus Jesus, der zu einem im göttlichen Heilsplan festgelegten Zeitpunkt erfolgte, empfängt jetzt seine Heilsbedeutung dadurch, daß er als die grundlegende und in einem geschichtlichen Ereignis vollzogene Heilsoffenbarung den Retterwillen Gottes historisch verbürgt und ihn bloßen religiösen Gedankenspielen und frommen Fabeleien entzieht. Nach Tit. 1,2 lügt Gott nicht, sondern steht zu seinem einst zugesagten und nun in Christi Tod und Auferweckung zum geschichtlichen Faktum gewordenen Wort. Das als Verheißung gegebene Wort Gottes ist sichtbar geworden. Diese «Epiphanie» ist darum unleugbares historisches Faktum. Es kann nur noch weiterverkündigt werden.
Diskussionslos, aber akzentuiert erscheint Paulus als der Herold, Gesandte und Lehrer der Völker. Die Gemeinde legitimiert ihre Verkündigung des universalen Rettergottes unter Berufung auf die anerkannte und bekannte Autorität des Heidenapostels. Die Verbindlichkeit und die Zuständigkeit dieser weiterzugebenden Bezeugung sind wichtig. Nicht die persönliche Aufrichtigkeit des Paulus wird in Zweifel gezogen. Paulus ist vielmehr der Garant für die verlässliche Weitergabe des im Menschen Christus Jesus erschienenen, proklamierten Heilsratschlusses Gottes.

2,8–15 Das Verhalten von Mann und Frau im Gottesdienst

8 So will ich, daß die Männer allerorts am Gebet teilnehmen, dabei saubere Hände erheben, ohne Zorn und Zwietracht. 9 Ebenso die Frauen: In angemessener Aufmachung, mit Anstand und Zurückhaltung. Sie sollen sich nicht mit Frisuren, Gold- und Perlenschmuck noch mit kostspieligen Kleidern herausputzen, 10 sondern sich, wie es Frauen zukommt, denen Gottesfurcht ein Anliegen ist, mit guten Werken schmücken. 11 Belehrung empfange eine Frau ohne Störung und in voller Unterordnung. 12 Eine Lehrtätigkeit aber erlaube ich einer Frau nicht, noch sich gar dabei über den Mann zu erheben. Sie hat sich vielmehr ruhig zu verhalten. 13 Zuerst wurde nämlich Adam erschaffen, Eva nachher. 14 Auch wurde nicht Adam verführt, sondern die Frau ließ sich betören und kam zu Fall. 15 Freilich kann sie gerettet werden, wenn sie Kinder gebärt und im Glauben, in der Liebe und in der Heiligung voll Ehrbarkeit verharrt.

Leitender Gesichtspunkt bleibt die geordnete und einheitliche Durchführung des Gottesdienstes. Nach der heilstheologisch begründeten Gebetsanweisung geht es nun um die äußere Gestaltung. Dabei beschränken sich die Hinweise auf das Verhalten von Mann und Frau.
V. 8 regelt zuerst die Teilnahme der Männer am Gottesdienst. Ausdrücklich werden gerade sie zum Beten aufgeboten. Wie in V. 1 tritt so nochmals der liturgische Charakter hervor. Das gemeinsame Gebet bestimmt weitgehend die Form und den Gehalt der Zusammenkünfte. Die Apostelgeschichte erzählt wiederholt, wie sich die Christen zum gemeinsamen Gebet versammelten (vgl. Apg. 1,14. 24; 2,42; 4,24–30;

12,5.12; 13,2f. u.a.m.). Lukas und unsere Briefe halten sich an das Vorbild der Synagoge. Das Sprechen der Gemeindegebete ist Sache aller Männer. Eine Zuordnung der Aufgabe an einen besonderen kirchlichen Stand, etwa an das Amt eines Ältesten, unterbleibt. Die Frau scheint vielleicht davon ausgeschlossen zu sein. Die Gebetsanweisung an die Männer gilt überall d.h. in allen Gemeinden. Vermutlich wird nicht nur eine einheitliche Praxis gefordert, wie es auch Paulus tat (1. Kor. 4,17; 7,17; 11,16; 14,33), sondern diese richtet sich gegen das Eindringen von Irrlehrern. Die Männer dürfen nicht fehlen, weil nach 2. Tim. 3,6 die Verführer in die Frauenversammlungen einschleichen. Der Beter hat gewisse Voraussetzungen zu erfüllen: Reine Hände und Freiheit von Zorn und Zwietracht. Alttestamentliche, in der Synagoge gehörte Sprache klingt an, vgl. Ps. 23(24),3–6. Erhobene Hände gehören zur verbreiteten gottesdienstlichen Geste des Betens. Hier werden reine Hände gefordert. Dabei ist nicht wie Mark. 7,1–5 an die pharisäische Einhaltung von kultischen Reinheitsvorschriften gedacht, sondern an die sittliche Bewährung des betenden Mannes. Sein moralischer Ruf ist wichtig. Schmutzige Geschäfte verunreinigen und schaden dem Ansehen der Gemeinde. Der Streitsüchtige gefährdet den innern und äußern Frieden. Verbreitete Motive, vielleicht gar alte Mahnsprüche wirken fort: Wer seinem Bruder zürnt, versöhne sich, bevor er an den Altar tritt (Matth. 5,23f.). Das mit Zwietracht übersetzte Wort zielt auf rechthaberische Auseinandersetzungen in Glaubensfragen. Dann wurde nochmals der Unbelehrbare abgewiesen, der nicht auf seine eigene Lehre verzichtet.

Mit **V.9** beginnt die Instruktion über das Verhalten und die Stellung der Frau im Gottesdienst. Sie überrascht durch ihre Ausführlichkeit und Begründung. Die Auslegung gelingt nur, wenn ihre Aussagen im engen Zusammenhang einer gottesdienstlichen Regelung belassen und nicht verallgemeinert werden. Dabei sind die veränderten sozialen Verhältnisse und die religiöse Umwelt der griechischen Kirche um die Jahrhundertwende zu berücksichtigen.

Zu den Gemeinden zählen sich nun auch gesellschaftlich höher und finanziell besser gestellte Frauen. Sie verfügen über reiche Mittel zur Unterstützung der Armen und zur Ausrüstung der Missionare. In ihren Häusern versammeln sich die noch kleinen Gemeinden zu gottesdienstlichen Feiern, zur Belehrung und Stärkung im Glauben. Bald führen die sozialen Unterschiede zu Spannungen. Mißgunst und Überheblichkeit bedrohen die innere und äußere Gemeinschaft. Darum bekämpft die Verlautbarung Mißstände und Auswüchse. Nicht jede Frau entgeht der Versuchung, ihre gehobene Stellung durch äußern Schmuck und kostbare Kleidung zu betonen. Die Form und die Motive der Anweisung erinnern an jüdische Spruchweisheit und an die Tugendlehre der hellenistischen Wanderpredigt. Auch sie stellen Keuschheit und gute Werke als Zierde der frommen Frau dem äußern Schmuck gegenüber. Dazu loben griechische Grabinschriften die sittliche Reinheit der Gattin und Kleidervorschriften der hellenistischen Mysterienvereine bestimmen die kultische Tracht der Frau. So gilt es auch in der Kirche neben dem innern Frieden auch das äußere Ansehen zu bewahren. Aber vielleicht entstand die Anordnung nicht nur aus praktischer Erwägung und in kluger Rücksicht auf öffentliche Sitte. **V.11** fordert Ruhe und Einordnung bei der gottesdienstlichen Belehrung der Frau. Das weist auf eine vertiefte Begründung der Anordnung. Auch die begüterte Frau bedarf ja der Förderung ihres Glaubens durch Verkündigung, Unterricht und Zuspruch und dazu der Bereitschaft zur Eingliederung in die gottesdienstliche Gemeinschaft.

In V.11 aber klingen die neuen Gesichtspunkte an, welche ab **V.12** entfaltet werden: Das Lehrverbot und die Unterordnung unter den Mann. Zu ihrem Verständnis sind wieder der gottesdienstliche Rahmen, der besondere Charakter einer Hausgemeinde und die Abwehrstellung gegen Einflüsse halbchristlicher Sekten und heidnischer Kultvereine ins Auge zu fassen. Im antiken Denken verstand sich der Mensch nicht als ein Individuum, sondern immer nur als Glied einer Gemeinschaft, die ihrerseits wiederum einen Teil in einer Himmel und Erde umfassenden Ordnung darstellte. Auch die Gläubigen in ihren Kirchen, Synagogen und Kultgenossenschaften ordneten darum ihr gemeinschaftliches und religiöses Leben nach festen Rängen und Klassen. So spricht auch Paulus vom Eingegliedertsein der Getauften in den Leib Christi (1.Kor. 12,27; Röm. 12,5), von einem Gott nicht der Unordnung, sondern des Friedens (1.Kor. 14,33) und selbst über die Haartracht und die Einordnung der Frau im Gottesdienst (1.Kor. 11,2-16).

Wenn nun in V. 12 der Frau das Lehren im Gottesdienst verboten wird, dann bezieht sich dieses Verbot nicht auf das, im Gegensatz zum spätern Nachtrag 1.Kor. 14,34-35 auch von Paulus in 1.Kor. 11,5 erwähnte Beten und durchaus erlaubte geistgewirkte Reden der Frau in der gottesdienstlichen Versammlung. Verboten wird der Frau vielmehr die selbstherrlich angemaßte Ausübung des Lehramtes, das in den Pastoralbriefen in die Verantwortung der dazu besonders berufenen und ordinierten Ältesten und Diakone gelegt wird. Es geht hier nicht um die allgemeine Unterordnung der Frau unter den Mann an sich, sondern um die Anerkennung und Respektierung des, besonderen Männern zugeordneten Amtes.

Zur Begründung und Weiterführung dieser Weisung führen die abschließenden **VV. 13-15**. Ähnlich wie Paulus in 1.Kor. 11,8-10 und 2.Kor. 11,3 werden dazu jüdische Mythen herangezogen. Die Vorstellungen einer schöpfungsgemäßen Nachordnung der Frau, ihrer Verführung durch die Schlange (vgl. Sir. 25,24) und der mütterlichen Rolle stammen alle aus der Synagoge. Aufgenommene Motive und Traditionen passen nie recht in eine neue Situation. Ihre Aussagen gelten dann nur teilweise und oft erhalten sie überhaupt eine andere Bedeutung. Darum wird auch hier die Frau nicht zur verführten Verführerin und zur büssenden Gebärerin gestempelt. Vielmehr wenden sich die Ausführungen nun ganz konkret an die angesehenen und begüterten Personen in der Gemeinde, die sich über die gültige Gottesdienstordnung hinwegsetzen und regieren wollen. Die Versuchung dazu lag nahe. Die Hausgemeinden waren auf die Gastgeberin angewiesen. Anderseits spielten einflußreiche Frauen in den heidnischen Mysterienvereinen und in den religionsphilosophischen Zirkeln der Umwelt eine nicht geringe Rolle.

V. 15 interpretiert und relativiert die überlieferte Vorstellung, daß die gefallene Eva durch die Aufsichnahme der Mutterschaft im Endgericht gerettet werden wird. Unter Eva wird hier nur die christliche Frau verstanden. Dabei läßt sich die unklare Mehrzahlform im Nebensatz sowohl auf die Frauen wie auch auf die Kinder beziehen. Die einschränkende Bedeutung der Überlieferung gilt in beiden Fällen. Nicht die Mutterschaft als solche errettet, sondern betont werden Glaubenstreue, Liebe, Heiligung und Keuschheit. Sie sind nicht umsonst, sondern werden einmal ihre ewige Belohnung finden. Wenn wegen 1.Tim. 3,4-5.12 und Tit. 1,6; 2,4-5 an die Kinder gedacht werden soll, dann ist die Mutter als christliche Erzieherin angesprochen. Die Betonung des Bleibens und Ausharrens aber gehört zum Stil der frühchristlichen Mahnung und begegnet auch wiederholt in den Pastoralbriefen.

3,1–7 Charakterliche Voraussetzungen für ein Vorsteheramt

1 Mit Recht gilt der Satz: Wer auf ein Vorsteheramt aus ist, der strebt nach einer trefflichen Tätigkeit. **2** Der Vorsteher muß freilich ein unbescholtener Mann sein, nur einmal verheiratet und dazu nüchtern, besonnen, ehrenwert, gastfreundlich und lehrbegabt, **3** ja nicht trunksüchtig und gewalttätig, sondern im Gegenteil hilfsbereit, friedfertig und nicht geldgierig. **4** Seinem eigenen Haus weiß er wohl vorzustehen und seine Kinder zum Gehorsam und allem Anstand zu erziehen. **5** Wenn einer aber seinem eigenen Hause nicht vorzustehen weiß, wie würde er sich dann um die Gemeinde Gottes kümmern können? **6** Er darf kein Neuling sein, damit er nicht aufgeblasen unter die Aburteilung des Teufels falle. **7** Er muß sich auch eines guten Rufes bei den Außenstehenden erfreuen, damit er nicht in ein böses Geschwätz und in die Falle des Teufels gerät.

Wird in den Anordnungen für den Gottesdienst von der Frau die Anerkennung der beauftragten Leiter und Lehrer der Gemeinde gefordert, so schließen 3,1–7 folgerichtig an und beschreiben in langen Reihen und nicht ohne besorgte Untertöne die Eigenschaften und Fähigkeiten, die bei jenen Männern vorausgesetzt werden müssen, die der Gemeinde als Vorsteher und Helfer, d.h. als «Bischöfe» und «Diakone» dienen wollen. Mit der bereits 1,15 angetroffenen und sonst noch 4,9 und 2.Tim. 2,11; Tit. 3,8 verwendeten Formulierung unterstreicht der Verfasser eine für ihn wichtige Aussage. Der mit der Merkformel eingeführte Satz beginnt zudem mit der auch 3,5; 5,4.8.16; 6,3; Tit. 1,6 begegnenden Formulierung «Wenn einer...». Wir finden sie über ein Dutzend mal in den Paulusbriefen. Immer handelt es sich um moralische oder organisatorische Weisungen, die konkrete Einzelfälle in der Gemeinde ansprechen und sich zu allgemeingültigen Regeln, Grundsätzen und Verhaltensnormen ausformulieren. Auch hier handelt es sich um eine Stilform kirchenleitender Weisung, die in Erlassen aus kaiserlichen Amtsstuben ihre weltliche Parallele findet.

Die Bischöfe und Diakone genannten Amtsträger lassen in keiner Weise einen hierarchischen Charakter erkennen. Sie üben vielmehr eine organisatorische Funktion aus, wie sie im Staats- und Vereinswesen oder auch im mehr privaten Bereich des Hauses und seiner Bewirtschaftung einzelnen Personen zugeteilt wurde. Dabei erfüllt ein Bischof die Funktionen des Leitens, Ordnens und der Kontrolle, während der Diakon zugewiesene Dienstleistungen ausführt. Die den stoischen Idealen verpflichtete öffentliche Moral verfügte für die Staatsbeamten, Richter, Ärzte und Heerführer über besondere Tugend- und Fähigkeitslisten. Sie wurden zu eigentlichen Berufsspiegeln und zu Haus- oder Ständetafeln geformt, die die geforderten Tugenden oder die verabscheuten Laster in Stichworten oder in Spruchreihen zusammenstellten. In unserem Abschnitt sind solche Beamtenspiegel und Pflichtenkataloge teilweise aufgenommen und zu einem Bischofs- und Diakonenspiegel geformt worden. So erklären sich die im Allgemeinen verbleibende Verbindlichkeit, das bisweilen flache, die Vulgarität kaum verlassene Niveau und die Verschiedenheit der Elemente. Die Anforderungen sind so allgemein formuliert, daß sie für jeden Bürger in einer öffentlichen Stellung und auch für jedes Glied einer christlichen Gemeinde gelten. Im Blick auf die Erfordernisse für einen kirchlichen Beamten erhalten sie aber eine besondere Prägung. Vom Vorsteher einer Gemeinde muß ein nüchtern urteilender Charakter erwartet werden, der ausgleichend und versöhnend wirkt.

Auffällig ist die Forderung, daß er Mann nur einer Frau sein darf. Nach Tit. 1,6 gilt sie für den Presbyter, nach 1. Tim. 3,12 auch für den Diakon. Nach 1. Tim. 5,9 ist die Einehe Voraussetzung für die Aufnahme in das Witwenverzeichnis der Gemeinde. Eine zurückhaltende Auslegung muß hier beachten, daß lediglich vom bereits verheirateten Mann die Rede ist. Seine Einehe wird betont. Weder eine zweite Verheiratung noch nebeneheliche Verhältnisse kommen für ihn in Betracht. Umgekehrt wird nichts darüber ausgesagt, daß ein Verwitweter, ein Geschiedener oder ein Unverheirateter für das Bischofs- oder für das Diakonenamt nicht in Frage kommen. Die Hervorhebung der Einehe entspricht also nicht dem Motiv, die Geschlechtlichkeit in asketischer Weise auf die Einehe zu beschränken und sie als Heilmittel gegen die Begierde noch zu dulden. Vielmehr ist die geforderte Einehe mit der Eigenschaft eines guten Hausherrn und Familienvaters zu verbinden. Ein Bischof soll in der Lage sein, ein offenes Haus zu führen, in dem nicht nur Gemeindeglieder ein- und ausgehen, sondern auch Wanderapostel beherbergt und ausgerüstet werden. Forderungen in Richtung auf ein oder gegen ein eheloses Leben wird man nicht hineinlesen dürfen. Grundanliegen dieser Mahnungen und Anordnungen sind nicht besondere Forderungen an kirchliche Amtsträger, sondern die konkrete und praktische Organisation zur Ermöglichung und Festigung der organischen Funktionen im Lebensvollzug der Kirchgemeinde. Dazu kommt die deutliche Sorge um den guten Eindruck, den die Kirche und vor allem ihre leitenden Personen bei den Außenstehenden besitzen müssen. Der Bischof soll doch mindestens über jene Tugenden verfügen, die die öffentliche Moral von den weltlichen Beamten und von den für das Gemeinwohl Verantwortlichen erwartet.
Die Wichtigkeit des guten Rufes wird im abschließenden Satz **V.7** nochmals ausdrücklich hervorgehoben. Das Bischofsamt repräsentiert offensichtlich stark gegen außen. Ein noch nicht lange zum Glauben Bekehrter und eben in die Gemeinde Aufgenommener würde darum als Leiter zur Überheblichkeit neigen. Vielleicht ist an Personen zu denken, die vor ihrer Aufnahme in die Kirche eine leitende Stellung oder sonst eine Führerrolle innehielten. Vielleicht handelt es sich um Männer, die, sei es in der Synagoge oder in einem hellenistischen Kultverband, als Aufseher oder Lehrer wirkten. Der Bischof steht in der Gefahr, in die Schlinge des Teufels zu fallen. Dieser noch 1. Tim. 6,9 und 2. Tim. 2,26 wiederholte und an Spr. 12,13; Sir. 9,3; Tob. 14,10 erinnernde Ausdruck schließt hier an **V.6** an, wo vom Überheblichen warnend gesagt ist, daß er der Aburteilung durch den Teufel verfallen könnte. An eine Auslieferung zur Gerichtsvollstreckung ist nicht zu denken. Die Gerichtsdiener der endzeitlichen Vorstellungen sind Engel Gottes oder des zum Gericht kommenden Christus. In 1. Tim. 1,20 ist von der Übergabe an den Satan die Rede, wenn an den Ausschluß des Irrlehrers aus der Heilsgemeinschaft der Kirche gedacht wird. So ist hier gesagt, daß der Bischof besonders auf der Hut sein muß, weil der Teufel ihn zu einem anstößigen Wandel verführen will, sodaß er ausgeschlossen werden muß.

3,8–13   Voraussetzungen für das Helferamt

8 Ebenso müssen Gemeindehelfer ehrbare Männer sein: Nicht doppelzüngig, nicht dem Trunke ergeben und nicht gewinnsüchtig. 9 Das Geheimnis des Glaubens sollen sie in einem reinen Gewissen bewahren. 10 Auch sie haben vorerst eine Bewährungsprobe zu bestehen. Erweisen sie sich als untadelig, dann können sie ihren Dienst übernehmen. 11 Entsprechend auch die Frauen: Ehrbar, nicht verleumderisch, nüchtern und zuver-

lässig in allem. **12 Die Helfer haben Männer einer Frau zu sein und müssen die Kinder und ihre eigenen Häuser in einer guten Weise zu führen verstehen. 13 Denn die sich im Dienst bewährt haben, erwerben sich hohe Anerkennung und einen offenen Zugang im Glauben an Christus Jesus.**

Der Diakonenspiegel setzt sich kaum vom Bischofsspiegel ab. Sofern die Forderungen die Beziehungen zur Außenwelt betreffen, entsprechen sie sich. Die Bewährung im ehelichen und häuslichen Bereich strahlt wieder nach außen und bestimmt den öffentlichen Ruf der Gemeinde. Wurde oben über den Bischof in der Einzahl gesprochen, so nun über den Diakon in der Mehrzahl. Zu einem Gemeindebischof gehören mehrere Diakone. Auch ist nicht von der Frau im allgemeinen, sondern von gewissen Frauen die Rede (**V. 11**). Dabei muß auffallen, daß bei ihnen wie bei den Diakonen auf Nüchternheit gedrängt wird und sich der getadelte Hang zum Alkohol mit der Abweisung einer verdrehenden und verleumderischen Schwatzhaftigkeit verbindet. Die Forderungen haben offensichtlich Gemeindeverhältnisse im Auge, bei denen sich das gemeinschaftliche Leben in privaten Zusammenkünften abspielt. Nicht nur die Helfer, sondern auch die sie im diakonischen Dienst unterstützenden Frauen (es ist nicht nur an die Ehefrau des Diakons zu denken) sind durch den persönlichen Umgang in den Wohnungen besonderen Gefahren ausgesetzt. Darum wird nach Art antiker Kataloge normiert. Das dabei geforderte gute Gewissen meint wieder nicht die persönliche Gewissensprüfung, sondern die vorbildliche, den Anforderungen genügende Lebensführung. Die auch vom Diakon geforderte Einehe zielt wieder nicht auf eine Beschränkung der Sexualität, sondern verbindet sich deutlich mit dem geforderten Nachweis, die eigenen häuslichen Verhältnisse in guter Ordnung halten zu können. Vergeblich fragt man, worin die Ausübung der Dienstleistungen im Einzelnen besteht. Der Diakon wird nicht auf einzelne Tätigkeiten verpflichtet, sondern seine moralische Bewährung und seine Unbescholtenheit werden gefordert. Darum betrifft sein erworbenes Ansehen nicht die Erreichung einer besonderen kirchlichen Beamtenstufe oder gar eines hierarchischen Ranges, sondern seine persönliche Autorität. Nur wenn ein Beauftragter der Gemeinde allgemein als ein integrer Mann gilt, findet das Evangelium offene Türen. Vermag er aber dem gestrengen Urteil der Öffentlichkeit nicht Stand zu halten, dann bringt er die Gemeinde in Verruf und schadet der Sache des Glaubens. Man wird die Aussagen der **V. 12** und **13** eng zusammen sehen müssen. Wer der eigenen Familie vorzustehen weiß, vermag auch die Gemeinde zu vertreten und beweist eine Lebensführung, die schon früher ein gutes Licht auf seinen Umgang in der Gemeinde geworfen hat. Er kann als Diakon der Gemeinde angestellt werden. Er verfügt über die nötigen Fähigkeiten und jene Hochschätzung, die ihm ein freies und erfolgreiches Auftreten für die Sache des Glaubens garantieren.

3,14–16 Der Hymnus auf den Glaubensschatz der Gemeinde

14 Dies schreibe ich dir (in der) Hoffnung, recht bald zu dir zu kommen. 15 Sollte ich mich aber verzögern, dann sollst du wissen, wie man sich im Hause Gottes zu benehmen hat, das die Gemeinde des lebendigen Gottes, eine Stütze und ein Bollwerk der Wahrheit ist. 16 Und unwidersprechbar erhaben ist das Geheimnis der Frömmigkeit:
   «**der offenbar wurde im Fleisch**
      (und) beglaubigt im Geist;

**der erschien vor den Engeln
(und) verkündigt wurde unter den Völkern;
der Glauben fand in der Welt
(und) hinaufgenommen wurde in die Herrlichkeit.»**

Wieder greift der Autor zum literarischen Kunstmittel der Einfügung einer persönlichen Situation aus dem Leben des Apostels Paulus und betont damit nicht nur die Dringlichkeit der vorangehenden Anordnungen für den Gottesdienst und für die Bestellung der leitenden Ämter, sondern unterstellt diese zugleich der für ihn entscheidenden apostolischen Autorität der auf Paulus hörenden Kirche. Wie in 1,12-17 wird diese verbindliche Orientierung an einem bestimmten Paulusbild mit einer Zusammenstellung von Ausdrücken verbunden, die aus dem gottesdienstlichen Leben der Gemeinde und wohl auch aus dem Unterricht der Kirche stammen. Dabei erhebt sich der sprachliche Ausdruck ins Rhythmische und endet triumphierend in einem Loblied.

Die Besorgtheit, die das ganze Hirtenschreiben durchzieht, ist die Sorge um die innere Festigung der Gemeinde. Darum wird wiederum Timotheus direkt angesprochen als einer, zu dem Paulus unmittelbar nach Ephesus zurückzukehren gedenkt, dem aber der Apostel im Falle des Ausbleibens das Nötige schriftlich anzuordnen als gegeben erachtet. Das Thema «Wie man im Hause Gottes wandeln muß» bringt das durchgehende moralische Anliegen im Stil der kirchenleitenden Anordnung zum Ausdruck. Der Anschluß an Paulus geschieht nicht zu Unrecht. Seine Briefe enthalten zahlreiche Anordnungen, die das innere Leben der Gemeinden betreffen und die Paulus oft mit apostolischer Vollmacht durchzusetzen versucht. Dennoch sind die Unterschiede greifbar. Hier geht es nicht mehr um die konkrete Anweisung zum christlichen Handeln in einer kritischen Situation der einzelnen Gemeinde, sondern um die Durchsetzung von moralischen Normen und einer organisatorischen Ordnung. Im Unterschied zur Sorge des Apostels um die geistliche Auferbauung seiner Gemeinden zum Leibe Christi wird hier eine für Kirchgemeinden verbindliche institutionelle Ordnung sichtbar. Die Kirche ist das Haus Gottes, in dem die Christen wohnen, sich aber auch an die darin gültigen Hausregeln halten müssen. Mit dem Bild des Wohnhauses, das Gott seinen Gläubigen auf Erden zur Verfügung stellt, verbindet sich das polemische Motiv: Der Tempel des lebendigen Gottes richtet sich gegen den heidnischen Götzentempel. In der alttestamentlichen Prophetie wurzelnd begegnet es im hellenistischen Judentum und ist im Neuen Testament wiederholt anzutreffen (vgl. Dan. 5,23; 1. Thess. 1,9; Apg. 14,15; Hebr. 3,12; 9,14; 12,22). Ein drittes Motiv, das mitschwingt, ist das Gotteshaus als Offenbarungsstätte. Die Kirche stellt den Tempel dar, in dem sich Gott als Welterlöser offenbart hat. Zugleich bleibt der Kirche diese Offenbarung als Heilsbotschaft anvertraut. In der Kirche hat Gott die Wahrheit des Glaubens niedergelegt. Sie besitzt im Evangelium den Schlüssel zur ewigen Seligkeit und wird zur Heilsmacht. Sie ist Hort und Burg der Wahrheit. Der zweite Begriff meint nicht den aus Jes. 28,16 stammenden Grund- oder Schlußstein (vgl. 1 QS 5,5; 1 QH 6,25-30 und 1. Kor. 3,11 mit Kol. 1,23; Eph. 2,20; 2. Tim. 2,19), sondern die Kirche als Trutzburg und Bollwerk, in welcher die rettende Wahrheit ihr sicheres Réduit hat, von wo aus sie aber auch siegreich ihre Vorstöße in die Welt der Lüge, der Verführung und der Verkommenheit unternehmen kann.

So schließt der Hymnus mit einer in der Sache folgerichtig formulierten Überleitung an. Mit dem Geheimnis ist nicht ein religiöses Geheimwissen gemeint, das nur

Eingeweihten und Erwählten zugänglich gemacht werden dürfte. Das Evangelium ist keine geheimzuhaltende mysteriöse Wissenschaft. Im Gegenteil: Der Autor hält sich nicht zurück und sagt, mit einer profanen Formulierung und in rhetorischer Übertreibung, daß der Kirche unwidersprochen und anerkanntermaßen die entscheidende Botschaft zur Verfügung steht.

Die nun folgende sechszeilige Strophe erinnert an geprägtes liturgisches Gut der griechisch sprechenden Kirche im hellenistischen Kulturraum, wie es sich bruchstückweise, aber umfänglicher in Phil. 2,6–11; Kol. 1,15–20; Eph. 2,14–16; 1. Petr. 3,18–22; Hebr. 1,3 und Joh. 1,1–4. 9–12.14 findet. In formaler Hinsicht fällt auf, daß das Subjekt, auf welches sich die sechs vorangestellten Verben beziehen, nicht ausdrücklich genannt wird, sondern sich im männlichen, der Strophe vorangestellten Relativpronomen verbirgt. Dadurch ist die grammatische Verknüpfung mit dem sachlichen «Mysterium der Frömmigkeit» nicht möglich. Eine innere Verbindung aber ist gewährleistet durch das Verständnis des Geheimnisses als Botschaft von der Erscheinung Gottes in der Person des Christus Jesus. Ein in formaler Hinsicht entsprechender Anschluß liegt auch oben 2,5f. vor, wo das Heilszeugnis auf den Mittler Christus Jesus zurückbezogen ist.

Die sechs Kurzzeilen bestehen je aus einem Relativsätzchen, das nur aus einem adverbial ergänzten Passivprädikat besteht. Lediglich in der dritten Zeile fehlt die Präposition des Ortes, die sich sonst mit dem Nomen verbindet. Gerne wird die Strophe nach dem Abdruck im griechischen Neuen Testament von Nestle in drei Zweizeiler unterteilt, wobei sich drei Gegensatzpaare im Blick auf die Ortsbestimmung ergeben: Diese Paare «Fleisch/Geist», «Engel/Heiden» und «Welt/Herrlichkeit» gehören dann immer wieder einer oberen und einer unteren Welt an, wobei sie sich nach dem Muster unten/oben – oben/unten – unten/oben verschränken. Das Englische Neue Testament von Aland druckt die Zeilen in einer andern, ebenfalls verbreiteten Zusammenordnung ab. Hier werden zwei Strophen zu je drei Zeilen unterschieden, wobei zur Geltung gebracht werden könnte, daß in der ersten Strophe die zweite und dritte Zeile die Erhöhung des im Fleisch Erschienenen beschreiben, während die zweite Strophe vom Erhöhten spricht. Die vierte und fünfte Zeile erwähnen die Auswirkung der Herrschaft, die sechste Zeile den Herrlichkeitsstand des Erhöhten.

Man wird die sprachliche Gewandtheit unseres Autors, seinen ausgesprochenen Formwillen und seine geschulte Fertigkeit freilich in Rechnung stellen müssen. Er hat in jedem seiner drei pastoralen Schreiben einen besonderen Stil entwickelt und fortwährend und bis in die Einzelheiten in reichem Wechsel die ihm zu Gebote stehenden Kunstmittel eines gebildeten Literaten eingesetzt. So ist die Wahrscheinlichkeit nicht auszuschließen, daß er auch hier nach ihm vorliegender gottesdienstlicher Überlieferung eine eigene Strophe zusammengestellt hat. Diese Vermutung wird dadurch gestützt, daß bis heute keine eigentlichen Analogien aus der Zeit des Neuen Testaments und der Apostolischen Väter vorliegen. Holprige Übergänge zwischen einzelnen Sätzen und Abschnitten gehören zum Stil seiner immer mosaikartig aneinanderreihenden Schreiben.

In inhaltlicher Hinsicht fällt die Aussage des Hymnus nicht aus dem Rahmen, sondern paßt genau zu den Vorstellungen, nach denen der Verfasser die christliche Heilslehre versteht. Dazu kommt, daß in der Strophe weder Christus noch Gott ausdrücklich erwähnt werden, sondern kunstvoll mit Hilfe des relativen Anschlusses und der Passivform respekt- und geheimnisvoll mit dem geoffenbarten Heilsmysterium verbunden bleiben. An theologischen und christologischen Bestimmungen im engeren

Sinn ist der Autor ohnehin wenig interessiert. Seine ganze Aufmerksamkeit gehört der Heilslehre. Diese entfaltet er in den hellenistischen Denkvorstellungen der Erscheinung eines göttlichen Erlösers. In sie ordnet er das überlieferte Glaubens- und Liedergut seiner Kirche ein. Der Leitsatz seines Bekenntnisses lautet: Der Erlöser ist erschienen. Er ist auch das Thema der vorliegenden Strophe, die der Form nach halb einem Loblied und halb einer Glaubensregel gleicht.

Die erste Zeile formuliert das Grundmotiv: «Er ist im Fleisch erschienen.» Die Erscheinung hat stattgefunden. Sie erfolgte in menschlicher, leiblicher Gestalt. Die adverbiale Bestimmung «im Fleische» unterstreicht den Vorgang als solchen. Sie entspricht darin der Betonung des «Menschen» Christus Jesus in der Mittlerstelle 2,5. In der irdisch-menschlichen Erscheinung des göttlichen Erlösers ist der Ratschluss Gottes, der Menschheit das ewige Heil zu schenken, als nun unerschütterliche Heilswahrheit offenbar geworden. Weitere Reflexionen über eine frühere Existenz im Himmel, die Menschwerdung und über Tod und Erweckung werden keine sichtbar. Weder wird mit dem Weglied Phil. 2,6–11 eine Erniedrigung bis in den Tod, noch mit dem Prolog des Johannesevangeliums eine Fleischwerdung des Logos beschrieben.

Die zweite Zeile lautet wörtlich übersetzt: «Er wurde gerechtfertigt im Geiste», wobei wieder das vorangestellte Verb im Aorist steht und der Artikel wie bei den übrigen adverbialen Bestimmungen fehlt. Wie ist diese Rechtfertigung im Geiste zu verstehen? Jene Ausleger, welche die Strophe in drei gegensätzliche Zweizeiler bei einer kreuzweise verschränkten Zuordnung an einen untern und obern Kosmos unterteilen, verstehen die beigegebene Präposition «in» lokal als eine Bestimmung des Ortes. Sie deuten den Ausdruck «im Fleische» als die Sphäre einer untern, irdischen und vergänglichen Welt und entsprechend «im Geiste» als eine obere Sphäre des Geistes. Bei genauerem Zusehen vermögen freilich die beiden formalen Behauptungen einer Gegensätzlichkeit in jedem Zweizeiler und einer Verteilung auf einen untern und obern Raum nicht zu überzeugen. Die Erscheinung im Fleische ist von einer Fleischwerdung zu unterscheiden. Der Erlöser Christus Jesus ist wohl als die Person Jesus von Nazaret über diese Erde gegangen. Aber diese Person war kein Mensch, sondern der Erlöser in menschlicher Gestalt. Für die vom Autor durchgehaltene Vorstellung wurde Gott nicht Mensch, der Logos nicht Fleisch. Fleisch bezeichnet hier darum nicht einen unteren kosmischen Raum des Fleischlichen und Materiellen und auch nicht das menschliche Geschöpf als solches, sondern lediglich die irdische Erscheinung des göttlichen Erlösers in einer menschlichen Verkörperung. Damit entfällt auch die Notwendigkeit «im Geiste» lokal als eine obere Geistwelt zu interpretieren. So legt es sich nahe, an eine Rechtfertigung des in Menschengestalt erschienenen Erlösers durch den Geist zu denken. Dabei schwingt nicht die Vorstellung eines vorweggenommenen endzeitlichen Richterspruchs mit, sondern mit der Rechtfertigung ist die göttliche Beglaubigung durch seinen Geist gemeint, durch welche erwiesen wird, dass es sich bei Jesus nicht um einen Menschen, sondern um den sichtbar gewordenen Erlöser handelt. Indessen geht es dabei weder um die Rechtfertigung des unschuldig verfolgten Gerechten oder des leidenden Gottesknechtes, noch um einen Beweis des Geistes und der Kraft, wonach Jesus oder auch die Apostel ihre göttliche Vollmacht durch im Geist bewirkte Wundertaten ausgewiesen hätten. Ganz abgesehen von der ins Leere greifenden Frage, warum und auf welche Weise der erschienene Erlöser in einer obern Welt des Geistes einer Rechtfertigung und Legitimation durch Gott bedurft hätte, ist es im Gegenteil recht sinnvoll, wenn Gott den Menschen gegenüber bekräftigt, dass Jesus in der Tat der gekommene Erlöser gewesen war. Diese Bestätigung, daß die göttliche Erscheinung tatsächlich erfolgte, geschieht in der Auferweckung des getöteten Erlösers. In 1. Petr. 3,18 hat sich der entsprechend eingebrachte Fleisch/Geist-Gegensatz formelhaft erhalten, wenn es heißt: «Zu Tode gebracht im Fleisch, lebendig gemacht durch den Geist.» In Röm. 1,4 begegnet er uns im Zusammenhang mit einer von Paulus übernommenen Bekenntnisformel. Dabei handelt es sich um dieselbe Zuordnung des Geistes zum Auferweckungsakt im Sinne einer göttlichen Bekräftigung. Daß sich in 1. Tim. 3,16 der Autor in diesen Vorstellungen bewegt, legt sich auch durch die Ermahnung in 2. Tim. 2,8 nahe. Wenn dort auf den von den Toten auferweckten und aus dem Samen Davids stammenden Jesus Christus verwiesen wird, dann ist die betonte Auferweckung wiederum die Bestätigung dafür, daß der Gekommene der verheißene Erlöser war.

Die dritte Zeile spricht von einer oder mehreren Erscheinungen des auferweckten Erlösers vor Engeln. Es wird dabei dasselbe Verb gebraucht, mit dem die Ostertradition das Sichtbarwerden des Auferstandenen vor den Jüngern erzählt. Zu beachten ist auch, daß das Subjekt wechselt: Nicht Gott, sondern der Erlöser selber zeigt sich vor Engeln. Woran ist wohl gedacht? Nach einer Anmerkung in 1. Petr. 1,12 gelüstet die Engel danach, Einblick in die ihnen verborgen gebliebene Durchführung des göttlichen Heilsratschlusses zu erlangen. Im Unterschied zu den alttestamentlichen Propheten wurden sie nicht über das Eintreffen und die Verkündigung des Evangeliums informiert. Wenn die Abfassung der Offenbarungsschrift «Die Himmelfahrt des Jesaja» in unsern Zeitraum angesetzt werden darf, dann wird die mit der Erscheinung vor Engeln verbundene Vorstellung noch deutlicher. Die Stelle Asc. Jes. 11,23 lautet: «Und ich sah ihn (= den himmelfahrenden Jesus) und er war im Firmament, aber er hatte sich nicht verwandelt in ihre Gestalt, und alle Engel des Firmamentes und Satan sahen ihn und beteten ihn an.» Wie auch Paulus schon verschiedene Himmelssphären kennt (2. Kor. 12,2), so erzählt Kap. 11 der Himmelfahrt des Jesaja von einem heimlichen Abstieg des Erlösers durch verschiedene Himmelsräume auf die Erde, ohne daß die sich dort aufhaltenden Engel ihn als solchen erkannten. Dieses Schema vom Ab- und Aufstieg des Erlösers durch verschiedene übereinander geschichtete Himmel findet sich in den gnostischen Schriften. Das damit verbundene Motiv vom absteigenden Erlöser, der seine wahre Identität vor den Engelscharen zu verbergen und sie zu täuschen vermag, muß auch Paulus bekannt gewesen sein. Gerade in der auch an unserer Stelle durchschlagenden Verbindung mit einer Epoche des verborgenen und einer Epoche des nun enthüllten Heilsratschlusses Gottes spricht er über das den Korinthern verkündigte Mysterium Gottes (1. Kor. 2,1) und fährt dann (1. Kor. 2,7–8) fort: «Wir reden Gottes Weisheit in einem Geheimnis, die verborgene, die Gott von Ewigkeit her zu unserer Herrlichkeit vorherbestimmt hat, die keiner der Herrscher dieser Welt erkannt hat. Hätten sie ihn nämlich erkannt, dann hätten sie den Herrn der Herrlichkeit nicht gekreuzigt.» Deutlich fließen hier die mythologischen Vorstellungen von den gefallenen Engeln ein, die als gottfeindliche Mächte den Kosmos zu beherrschen trachten und den Heilsplan Gottes vereitelt hätten, wenn er ihnen bekannt geworden wäre. Darum weihte Gott die Engel, wie es die jüdischen Offenbarungsschriften wissen (z. B. äth. Hen. 16,3), nicht in seine Pläne ein. Die Auferweckung des Erlösers bedeutet darum den Sieg über die dunkeln Weltmächte, über die Herrscher dieser Welt. Mit der Selbstdemonstration des Erlösers vor den Engeln vollzieht sich zugleich ihre Unterwerfung, wie es auch 1. Petr. 3,22 festhält: «... nachdem er in den Himmel gefahren ist und ihm die Engel und Kräfte unterworfen worden sind.» Auch Phil. 2,10; Kol. 2,15; Eph. 1,21; 3,10 und Hebr. 1,6 weisen darauf hin.

Es ist wichtig, daß man die ganze Strophe als ein Erscheinungslied erkennt und die Aussagen der einzelnen Zeilen als je neuen Aspekt der Darstellung dieser «Epiphanie» des Erlösers begreift. Diese hellenistische Vorstellung unterscheidet sich vom alttestamentlich-jüdischen Denkschema der Erniedrigung und Erhöhung und von einer Lehre über die Fleischwerdung, die sich gegen die Auffassung einer nur scheinbaren Verbindung des Erlösers mit dem irdischen Menschen Jesus von Nazaret wendet. Nur so wird auch sichtbar, daß die Strophe nicht, wie z.B. das Christuslied in Phil. 2,6-11, einen Ablauf des Heilsgeschehens durch drei verschiedene Existenzstufen des Erlösers besingt. Vielmehr triumphiert hier religiöses Bewußtsein in der Überzeugung, das geoffenbarte Heilsmysterium zu kennen und unter einem, den ganzen Kosmos umspannenden Heilsplan zu stehen.

Diesem Ausdruck dienen auch die Aussagen der vierten und fünften Zeile. Erscheint die Verkündigung des Evangeliums an die Völker bei Paulus als eine bedrängende Aufgabe vor dem nahen Ende und in den Evangelien als missionarische Verpflichtung gegenüber allen Völkern (vgl. Gal. 2,2; Mark. 13,10; Matth. 24,14; Luk. 24,47; Mark. 16,15), so wird hier ähnlich wie Kol. 1,23 der erschienene Erlöser als der bereits unter den Heidenvölkern verkündigte gepriesen. Wird Christus als der auf Erden und im Himmel erschienene Offenbarer verstanden, der in seiner Person den ewigen Heilsratschluß Gottes verkörpert, dann bedeutet umgekehrt die Weiterverkündigung des Evangeliums zugleich die Vergegenwärtigung Christi. Darum gilt: Wo das Evangelium verkündigt wird, setzt sich seine Erscheinung fort und der Christus Jesus wird unter den Engelsmächten und unter den Heidenvölkern zum triumphierenden Weltherrscher. Ihn preist das kurze Lied und lenkt zum Schluß den Blick der Gemeinde auf den, der im Himmel thront.

4,1-10   Die Durchführung der Ketzerbekämpfung

4,1-5   Die Abwehr der asketischen Vorschriften

1 Ausdrücklich spricht es der Geist aus, daß in spätern Zeiten gewisse Leute vom Glauben abfallen werden. Irrgeistern und Dämonenlehren werden sie anhangen, 2 (verführt) durch das heuchlerische Gebaren von Lügenmäulern mit einem gebrandmarkten Gewissen, 3 die das Heiraten verbieten und die Enthaltung von Speisen fordern, die Gott dazu geschaffen hat, damit die Gläubigen und die zur Erkenntnis der Wahrheit Gelangten sie mit Dankbarkeit genießen. 4 Denn alles, was Gott erschaffen hat, ist gut, und nichts ist verwerflich, das mit Dankbarkeit empfangen wird. 5 Es ist ja durch Gottes Wort und durch Gebet geheiligt.

Auch Anordnungen zur Abweisung der Irrlehre in der Gemeinde gehören zur kirchenleitenden Instruktion. So wird nun das in 3,15 formulierte Thema: «Wie man im Hause Gottes wandeln soll» wieder aufgenommen, nachdem es nach der Darlegung des Bischofs- und Diakonenspiegels im Offenbarungslied einen theologischen Höhepunkt erreicht hat. So wirkt der Neueinsatz 4,1 mit einer prophetischen Offenbarungsformel, die zur Einführung eines christlichen Prophetenspruches dienen kann (vgl. Offb. 2,7; 14,13; 22,17), mehr als Brücke denn als Zäsur. Wie auch in 2. Tim. 3,1 legt der Autor seinem Paulus nicht nur eine typisch endzeitliche Warnung (vgl. Mark. 13,22; Apg. 20,29-30; 2. Thess. 2,11-12 und dazu 2. Petr. 2,1; 3,3; Jud.

17–18; 1. Joh. 2,18) in den Mund, sondern auch das prophezeiende Wort, mit dem scheidende Gottesmänner vor kommendem Unheil und drohender Verführung warnen. Darum erübrigt es sich, nach einem isolierbaren Prophetenwort zu fragen. Die gestellte Situation ist zu deutlich. Geschickt korrigiert der Autor den düstern Ausblick in die letzte Zeit und visiert vom Standpunkt des Paulus aus in den späteren Tagen seine eigene Zeit. In seinen Jahren ringt die Kirche um die innere und äußere Einheit (vgl. etwa Matth. 7,15–23; Apg. 8,9–24; 13,6–12; 19,14–20). Noch fehlen ihr die orthodoxen Normen und eine weithin anerkannte Lehrautorität, welche eine genaue Bestimmung und die Durchsetzung des Dogmas und damit die Ausscheidung der falschen Verkündigung in den Gemeinden erlauben. Dazu gehört zum Verständnis der Religion im griechischen Bereich die moralische Bewährung. Hier besteht die Frömmigkeit in der Tugend, und Gottlosigkeit zeigt sich im Laster. Darum entfällt auch in den Pastoralbriefen eine eingehende Diskussion mit dem Ketzer über die propagandierte Irrlehre. Zum vornherein wirkt alle Theorie fadenscheinig und jede Spekulation absonderlich. Allein der ethische Nachweis verschafft Duldung und Anerkennung.

Wenn **4,1** von den Abgefallenen gesagt wird, daß sie sich an Truggeister und Dämonenlehren halten, dann ist darunter die Orientierung an einer nicht mehr als christlich geltenden Lebensmoral zu verstehen. Die Verführer sind Falschredner, die durch ein heuchlerisches Verhalten die Gläubigen auf ihre Seite ziehen; ihre dämonische Lehre ist unsittliche Belehrung. Auf dieses ethische Moment weist das erwähnte gebrandmarkte Gewissen. Damit ist weder das gezeichnete noch das abgebrühte Gewissen gemeint. Von einer Übereignung an den Teufel ist hier nicht die Rede. Das Brandzeichen trägt der Versklavte auf der Stirn und nicht im Herzen. Wie auch in 1. Tim. 1,5.19; 3,9 und 2. Tim. 1,3 ist beim Gewissen nicht an die innere Stimme der moralischen Selbstbeurteilung zu denken, sondern an die ethische Gesinnung und charakterliche Einstellung. Weder die Abtrünnigen noch ihre Verführer werden genauer beschrieben. Besonders bleibt offen, ob die Irrlehrer ursprünglich zur Gemeinde gehörten oder ob es sich um Abwerber aus heidnischen, wahrscheinlich orientalischen Sekten handelt. Ihre Diffamierung als Lügengeister oder Falschredner und der Vorwurf der Heuchelei, teuflischer Lehre und schlechter Gesinnung verwenden Redensarten, welche schon die antike Verspottung der umherziehenden Gaukler und die philosophische Wanderpredigt kannten. Einzelne ihrer Motive begegnen uns auch im hellenistischen Judentum (vgl. Ass. Mos. 7,3–10; Offb. 16,13–14; Jak. 3,15). Darum erlaubt diese Verunglimpfung nach alten Mustern keine gültigen Rückschlüsse auf die tatsächlich vertretenen Anschauungen.

Dennoch treten zwei Forderungen der Irrlehrer deutlich hervor: Das Verbot der Ehe und strenge Speisevorschriften. Ihre Durchsetzung in den Gemeinden wäre in der heidnischen Umwelt auf wenig Verständnis gestoßen. Trotz verbreiteter Sittenlosigkeit bewahrte sie ein hohes Eheideal und empfand die Einhaltung von Speisegeboten als jüdisch und als Kennzeichen fremder Sekten. Wahrscheinlich vertraten die Irrlehrer eine grundsätzliche Ablehnung der Ehe aus Gründen, wie sie Klemens von Alexandrien um 200 in seiner Schrift «Die Teppiche» (II 45,1) festgehalten hat: Weil die Menschen unglücklich werden und sterben müssen, vermehrt die Zeugung das Unglück und die Herrschaft des Todes in der Welt. An der Stelle III 48,1 berichtet er, daß nach der Meinung der Sektierer die Auferstehung bereits erfolgt (vgl. 2. Tim. 2,18) und darum die Ehe als eine Einrichtung der alten Welt überholt sei. Stellung bezieht 1. Tim. 4,3–5 lediglich zur Frage der Enthaltung von Speisen. Sie wird hier weder von der Sorge um die Geltung der jüdischen Reinheitsvorschriften noch von der Angst vor der Teilnahme an einem heidnischen Opfer (vgl. Röm. 14; 1. Kor. 8 und 10) bestimmt. Eine Begründung der Speisevorschriften durch die Gegner tritt nicht hervor. Die bekämpfte Position läßt sich nur vermuten und von einer Gegenargumentation mit ihr ist kaum die Rede. Es erfolgt vielmehr eine grundsätzliche Abweisung der Einhaltung von Speisevorschriften überhaupt, die für die «Gläubigen und zur Erkenntnis der Wahrheit Gelangten» maßgebend ist. Wie in 1. Tim. 2,4 und Hebr. 10,26 sind mit den zur Wahrheit Gelangten die Getauften angesprochen, wobei nach Tit. 1,1 (vgl. auch 2. Tim. 2,25; 3,7) diese Wahrheit die Botschaft von der erfolgten Offenbarung des Rettergottes mit einschließt. Wenn auch nicht vorschnell auf eine Abwehr von Irrlehren geschlossen werden darf, so ist dennoch die Verbindung des Erlösergottes mit dem Schöpfergott zu beachten. Grundsätzlich heißt es: Alles von Gott Geschaffene ist gut! Wie es schon oben 1,8-9 lauten konnte: «Das Gesetz ist gut!», «Der Rechtschaffene braucht kein Gesetz!», so wird hier Bekanntes und Gültiges zum Wahlspruch formuliert. Dennoch erschöpft sich die Aussage nicht in diesen Verallgemeinerungen, sondern findet in dem doppelten Einbezug der Danksagung und in der auf Wort und Gebet weisenden Begründung eine wesentliche Vertiefung. Wohl wird der Tisch vom Schöpfer gedeckt, der Genuß der Speise aber ist erst nach erfolgter Danksagung gestattet. Dieser Begriff der Eucharistie hat sich in der christlichen Überlieferung so eng mit der Abendmahlsfeier, den Gemeindemahlzeiten und mit den gottesdienstlichen Lob- und Dankformeln verbunden, daß das kultische Moment immer mitschwingt. Wenn auch im Verlaufe der Entwicklung sich die Abendmahlfeier immer mehr zu einer sakramentalen Handlung verselbständigte, so bedeutete dies nicht zugleich eine Verweltlichung der christlichen Liebesmahle und der privaten, häuslichen Mahlzeit. Der Gläubige und zur Wahrheit Gelangte verstand seine Zugehörigkeit zur Kirche als Eingliederung in eine kultische Gemeinschaft, deren Symbole das ganze Leben druchdrangen. Darin verstand sich christliche Existenz innerhalb des herrschenden Frömmigkeitsbegriffes der hellenistischen Religiosität. Zwei bis drei Jahrzehnte nach den Pastoralbriefen wurde die sog. «Lehre der Apostel» geschrieben. Die kultische Einbeziehung des christlichen Lebens erscheint darin noch weiter fortgeschritten. In dem dort formulierten Agape-Gebet (Did. 10,2-3) erscheint der Dank für Speise und Trank eingeschlossen in den Dank für die empfangenen Güter des Glaubens: «Du, allmächtiger Herrscher, hast alles erschaffen um deines Namens willen, Speise und Trank hast du den Menschen zum Genuß gegeben, damit sie dir danken. Uns aber hast du geistliche Speise und Trank gegeben und ewiges Leben durch deinen Knecht.» Brot und Wein des Abendmahls stehen für Speise und Trank des täglichen Tisches. Alles ist Gabe des Schöpfers. Nichts ist verwerflich, sofern es als göttliche Gabe und darum mit Dankbezeugung und d.h. in einer gottesdienstlichen Haltung entgegengenommen wird. **V. 5** weist mit der Anmerkung der Heiligung durch das Wort Gottes und durch das Gebet auf diese innere Verbindung mit dem Gemeindegottesdienst. Mit dem Wort Gottes ist der Inhalt der Heilsbotschaft gemeint. Die Gemeinde besitzt das Evangelium von der Errettung ins ewige Leben durch den Christus Jesus. Das genügt ihr. Darum lehnt sie asketische Verpflichtung auf geschlechtliche Enthaltung und Speisegebote ab.

4,6–10   Getreues Festhalten am alten Glauben

6 Wenn du dies den Brüdern einschärfst, wirst du ein guter Diener Christi Jesu sein, auferzogen nach den Worten des Glaubens und in der rechten Lehre, der du gefolgt bist. 7 Die scheußlichen und altweibischen Fabeleien aber weise zurück! Übe du dich jedoch auch weiterhin in der Frömmigkeit! 8 Die körperliche Askese hingegen bringt wenig Nutzen. Die Frömmigkeit aber ist zu allem nützlich. Sie schließt die Verheißung des gegenwärtigen und des kommenden Lebens in sich. 9 Das ist ein verlässliches Wort und verdient alle Beachtung. 10 Denn darum mühen und kämpfen wir uns ab, weil wir die Hoffnung auf den lebendigen Gott gesetzt haben, der ein Retter aller Menschen, besonders aber der Gläubigen ist.

Die für die Gemeinde Verantwortlichen dürfen nicht schweigen! Den Gemeindegliedern müssen die Augen vor der drohenden Gefahr geöffnet werden. Darum wechselt der Stil und wählt wieder die eindringliche Form der persönlichen Anrede. Die Bruderbezeichnung erscheint nur noch 1. Tim. 5,1; 6,2 und 2. Tim. 4,21 und geht deutlich auf die Gemeindeglieder. Sie wurzelt als älteste Selbstbezeichnung der Christen nicht nur im Alten Testament und im Judentum, sondern findet sich auch allgemein verbreitet in den religiösen Genossenschaften und Mysterienvereinen jener Zeit. Auf dem technisch gewordenen Ausdruck liegt keine Betonung, dafür auf der Forderung, sich in Zukunft als ein Diakon des Christus Jesus, wie in Anlehnung an Paulus (2. Kor. 11,23) gesagt wird, zu bewähren. Diese Bewährung besteht vor allem im eigenen getreuen Festhalten am überkommenen Lehrgut des Glaubens und in der sittlichen Ertüchtigung. Mit den Worten des Glaubens werden überlieferte Lehrinhalte des christlichen Glaubens angesprochen, denen die «Mythen» der Ketzer gegenüberstehen. In diesem Lehrgut wurde ein guter Diener Christi auferzogen. Oder aber: Er vermehrt und vertieft seine Kenntnisse darüber. Die entsprechende Verbform läßt sich passivisch oder medial reflexiv übersetzen. Ein Hinweis auf eine fromme Erziehung durch gläubige Eltern würde zu 2. Tim. 1,5 passen, die persönliche Weiterbildung in Glaubensdingen zur Befähigung, die eindringenden Irrlehren zu entlarven und zurückzuweisen. Gehen die Worte des Glaubens auf die Lehrinhalte, so die gute Lehre auf den moralischen Unterricht. Die Ausformung einer christlichen Alltagspraxis nach einem Frömmigkeitsmuster, das zugleich den stoischen Idealbildern der Zeit entspricht, ist das Anliegen der folgenden Verse. Grundwort dieses sich zugleich von der Irrlehre abhebenden christlichen Selbstverständnisses bleibt die «Frömmigkeit». Sie entspricht den sittlichen Anforderungen, welche das gängige und öffentliche moralische Urteil gegenüber der Religion erhebt. Im Wettbewerb mit der religiösen Propaganda braucht die Kirche zum Nachweis des Christlichen den moralischen Erfolg.

Darum wählt der Autor nun abschließend die Wir-Form und schließt Timotheus mit Paulus zusammen in eine enge geistliche Kampfesgemeinschaft. Paulinische Tradition und apostolische Leitung finden sich so zusammen und helfen einander zur Durchsetzung einer gläubig gestalteten Lebenspraxis, die schon 1. Tim. 1,5 programmatisch formuliert wurde: «Liebe aus reinem Herzen, gutem Gewissen und ungeheucheltem Glauben». Das verbreitete Bild des sich abmühenden Ringers schließt die kirchenleitenden Männer nicht nur mit Paulus zusammen, sondern zeichnet sie als entschlossene und sich im Dienst des Evangeliums verzehrende Gottesstreiter. Vielleicht klingen damit paulinische Forderungen an. Dann wurden seine Sätze über das apostolische Leiden zur frommen Sprachform der kirchenleitenden Dienste. Nicht der gedachte Gott einer hochtrabenden Philosophie und nicht der tote Gott einer religiösen Ideologie, sondern der lebendige Schöpfergott, der seinen Erlöserwillen geoffenbart hat und die Gläubigen durch alle Vergänglichkeit ins ewige Leben führen wird, steht auf der Seite der kämpfenden Kirche. Weil sich in diesen abschließenden Sätzen das Aussagegefälle des ganzen Abschnittes besonders akzentuiert, werden sie wiederum mit der Merkformel «Verläßlich ist das Wort», dazu mit einer Unterstreichung, eingeleitet. Dabei verbirgt die fromme Demut der gewählten Sprachform kaum die autoritäre Sicherheit und das gestärkte Selbstgefühl, im Evangelium die erlösende Botschaft für die Welt zu besitzen.

4,11–5,2   Das seelsorgerliche Verhalten in der Gemeinde

4,11–16   Die Notwendigkeit eines guten Vorbildes

11 Dies gebiete und lehre! 12 Niemand verachte deine Jugend! Werde im Gegenteil zum Vorbild der Gläubigen in Wort und Wandel, in der Liebe, im Glauben und in der Keuschheit. 13 Halte, bis ich eintreffe, an der Lesung, an der Ermahnung und an der Unterweisung fest. 14 Laß die Gnadengabe in dir nicht verkümmern, die dir auf Weissagung hin bei der Handauflegung durch den Ältestenrat übergeben wurde! 15 Sorge dich darum! Befasse dich mit diesen Dingen, damit dein Fortschritt allen sichtbar werde! 16 Gib acht auf dich selber und auf die Lehre! Bleibe dabei! Denn wenn du so handelst, wirst Du dich selber und auch deine Hörer zum Heil führen.

Die Frontstellung gegen die Irrlehre bestimmt weiterhin die wieder in einem obrigkeitlichen Ton formulierten Anweisungen an den Gemeindeleiter. In kurzen Befehlen und in gedrängter Folge hämmern sie auf ihn ein, verpflichten ihn zu einem exemplarischen Vorbild und fordern die straffe Handhabung der gültigen Ordnung. Beide Verpflichtungen beruhen auf der durch das Presbyterium erfolgten Ordination. Timotheus (2. Tim. 2,22) erscheint wie Titus (Tit. 2,7) als ein junger Mann (vgl. 1. Kor. 16,10f.; Phil. 2,19ff. und Apg. 16,1–3). Diese Hervorhebung der Jugendlichkeit unterstreicht hier nicht das Schülerverhältnis zu Paulus und damit den engen Anschluß an die paulinische Tradition, sondern zielt auf die Mahnung, den Gemeindeleiter nicht zu verachten und an seiner Autorität nicht zu zweifeln. Die leitenden Presbyter der rechtgläubigen Gemeinden gehören bereits der dritten Generation an. Dies stößt in der Auseinandersetzung mit den Irrlehrern auf Schwierigkeiten. Die gegnerischen Führer sind Männer mit Vergangenheit, Erfahrung und Ansehen. Sie erweisen sich den ordentlichen Gemeindeleitern wohl auch an Alter und Bildung überlegen. Darum weisen die Pastoralbriefe ihre leitenden Männer nicht nur auf die zu Recht erfolgte Ordination, sondern auf die sittliche Bewährung. Die moralische Vorbildlichkeit erwirbt die nötige Anerkennung; der fromme Wandel deckt das verkündigte Evangelium der rechtgläubigen Kirche. An den Doppelausdruck «Wort und Wandel» hängt sich **V. 12** die Dreiheit «Liebe, Glaube, Keuschheit» und erläutert, wie die geforderte Frömmigkeit eines Gemeindeleiters zu verstehen ist. Die Eindringlichkeit, mit der auf eine besondere Vorbildlichkeit verwiesen wird, erlaubt die Frage, ob sich hier bereits erste Umrisse einer priesterlichen Standesethik abzeichnen. Auch Paulus kennt durchaus ein Vorbildsdenken (vgl. 1. Thess. 1,6f.; 1. Kor. 4,16; 11,1; Phil. 3,17). Jedoch orientiert er sich noch nicht an einem christlichen Tugendideal, das es als berufliche Verpflichtung vorzuleben gilt, sondern am christologischen Heilsgeschehen, aus dem Paulus mit seinen Gemeinden das neue Leben im Glauben an die Rechtfertigung in der zu Ende gehenden Welt zu verwirklichen sucht. Hier und auch in 2. Thess. 3,7–9 und Hebr. 6,12; 13,7 aber geht es um die Nachahmung der frommen Vorbilder, um eine pastorale Führung und Erziehung zur christlichen Sittlichkeit.

Bevor **V. 14** diese berufliche Lebensheiligung mit erhöhten Anforderungen in der Ordinationsverpflichtung verankert wird, schiebt sich eine technische Anordnung ein. Die Briefsituation, nach der Paulus vor seiner Rückkehr seinem gemeindeleitenden Schüler in Ephesus die apostolischen Kirchenanordnungen schriftlich zugehen läßt, wird in Erinnerung gerufen. Bis zur Ankunft des Paulus – d. h. im Klartext: jetzt in der Kirche des Verfassers, in der Paulus als gestorben längst abwesend ist – hat der Vorsteher dafür zu sorgen, daß in der gottesdienstlichen Versammlung vorgelesen, ermahnt und belehrt wird. Was ist unter diesen drei erwähnten wichtigen Bestandteilen des Gottesdienstes zu verstehen? Bei der Vorlesung ist an eine Schriftlesung zu denken, wie sie in der Synagoge geübt wird (vgl. 2. Kor. 3,14; Luk. 4,16; Apg. 15,21). Auf die erzieherische Bedeutung der Heiligen Schriften wird 2. Tim. 3,14–17 hingewiesen und wiederholt nehmen die Past. alttestamentliche Schriftstellen auf (1. Tim. 2,13ff.; 4,1. 13; 5,18f.; 2. Tim. 2,19; 3,8. 15f.; 4,13f. 17; Tit. 2,14). Nach 1. Thess. 5,27; Kol. 4,16; Offb. 1,3 kennt die Kirche freilich auch die Vorlesung von apostolischen Zuschriften im Gottesdienst. Der Lesung folgt die Ansprache. Sie hat seelsorgerlichen Charakter und dient der Stärkung im Glauben. Die Belehrung im Gottesdienst aber setzt die moralischen Maßstäbe, welche im Kampf gegen die gegnerische Unterwanderung die sittliche Orientierung und Bewährung erlauben.

Seinen gottesdienstlichen Auftrag aber kann der Gemeindeleiter nur ausüben, wenn er über eine vorbildliche Frömmigkeit verfügt. Darum wird von Timotheus ein beständiges Fortschreiten auf dem Pfade der christlichen Tugenden verlangt. Sein beständiges Streben nach persönlicher Vollkommenheit soll der ganzen Gemeinde offenkundig sein. Wer die Gemeinde leitet, muß sich als Gottesmann ausweisen und in der Heiligung eine höhere Stufe erreichen als der durchschnittliche Kirchenchrist. Sein allen sichtbarer Fortschritt in der Frömmigkeit steht dann im harten Gegensatz zu den schlimmen Folgen der ketzerischen Aktivitäten in der Gemeinde. Die Irrlehrer und ihre Anhänger schreiten auch voran, aber nicht in der Gottseligkeit, sondern zur Gottlosigkeit (2. Tim. 2,16), so daß ihre Verdorbenheit offenkundig wird (2. Tim. 3,9).

Im Unterschied zum fremden Sektenlehrer besitzt Timotheus eine Gnadengabe, die ihm anläßlich seiner Ordination durch die Handauflegung des Presbyteriums verliehen wurde. Der griechische Ausdruck «Charisma» bedeutet bei Paulus (vgl. Röm. 12,6; 1. Kor. 12,4.9.28.30 u. ö.) die durch den Heiligen Geist bewirkte Befähigung der einzelnen Gemeindeglieder zu verschiedenen Diensten und Hilfeleistungen am Aufbau ihrer Gemeinschaft als des Leibes Christi. Hier und 2. Tim. 1,6 fehlt dem Begriff das endzeitliche Moment der enthusiastischen Kraftwirkung und der Bezug auf alle Gläubigen. Er wird zum Inbegriff einer geistlichen Vollmacht und Verpflichtung, die dem Gemeindeleiter bei der Verleihung seines kirchlichen Amtes in einem kultischen Akt übergeben wird. Die ursprüngliche Begabung aller wird zur institutionell vermittelten Aufgabe an den durch prophetischen Zuruf auserwählten Amtsträger. Der rechtliche Charakter, der dieser Gabe innewohnt, wird hier nicht beson-

ders betont, sondern auf die damit verbundene Verantwortung verwiesen, die nun wahrzunehmen ist. Noch verleiht die presbyteriale Amtseinsetzung dem Träger persönlich keinen unverlierbaren geistlichen Charakter. Dennoch bedeutet die Zuteilung des Amtsauftrages die Einweisung in einen besonderen Stand der Gemeinde, dem die Verwaltung und die Verkündigung des Evangeliums anvertraut ist.
Wenn nach 2.Tim.1,6 die Handauflegung durch Paulus selber erfolgte, dann ist diese Angabe nicht als historische Korrektur, sondern als literarisches Mittel des Verfassers im Rahmen der fingierten Situation seiner Schreiben zu verstehen, mit dem er die Gültigkeit der leitenden Ämter in der rechtgläubigen Gemeinde betont. Ihre Bischöfe, Presbyter und Diakone erscheinen so als die wahren Nachfolger des Apostels. Sie verkündigen und verwalten darum das von ihm empfangene und weitergegebene Evangelium. Die so kirchlich legitimierte Ordination und Ämterfolge garantieren die unverfälschte Weitergabe der anvertrauten Glaubensbotschaft in der durch die religiöse Propaganda der Irrlehrer verunsicherten Kirche.
Die empfangene Amtsgnade wirkt nicht automatisch als eine innere, vom Heiligen Geist bewirkte Kraft, sondern ist von außen zugeteilter geistlicher Auftrag. Darum bedarf es nun der unablässigen und angestrengten Bemühung. Diese gilt der eigenen Frömmigkeit und der Frömmigkeit der anvertrauten Herde. Die auferlegte Verantwortung ist eine pastorale. Die Zielsetzung besteht im Erlangen des ewigen Lebens und damit in der Erfüllung des Willens Gottes, der nach seinem geoffenbarten Ratschluß die Errettung aller Menschen bestimmt hat. Darauf liegt der Nachdruck der einhämmernden Appelle, auf sich selber und auf die andern acht zu geben, bei der Lehre zu verharren und sich so um das Charisma zu kümmern. Die Aufforderung bezweckt nicht einfach die Erlangung des eigenen Seelenheils und den Ansporn zur frommen Leistung, mit welcher das ewige Leben erst verdient werden müßte. Die Besorgtheit, welche diese eindringlichen Ermahnungen bestimmt, entsteht aus der Erfahrung, daß das Hirtenamt in den Gemeinden vernachlässigt ist. Weithin blieb in der Kirche vergessen, daß sich in der treuen Verkündigungsarbeit der göttliche Heilswille verwirklicht und nur das gepredigte und gelebte Evangelium die Menschen in das verheißene ewige Leben zu führen vermag. So steht der strenge Rückruf zur Pflichterfüllung im theologischen Zusammenhang der drei Briefe. In dem der Kirche anvertrauten Evangelium setzt Gott seinen Heilswillen in der Welt durch.

5,1–2   Der Umgang mit Alt und Jung

1 Einen älteren Mann sollst du nicht anfahren, sondern wie einen Vater ermahnen, jüngere Männer wie Brüder, 2 ältere Frauen wie Mütter, jüngere wie Schwestern in aller Keuschheit.

Die beiden Verse behalten die auf den Gemeindehirten hörenden Glieder am Schluß von 4,16 im Auge und gehören darum zum vorangehenden Abschnitt. Die erwähnten Altersgruppen erscheinen nicht als organisierte Gemeindegruppen. Die Aufreihung erfolgt im Interesse der weitergeführten pastoralen Instruktion. Sie ermahnt den Leiter, seine geistliche Stellung nicht in herrischer Weise zu mißbrauchen. Dabei dürfte die Vorstellung der Kirche als einer Familie Gottes, die im Hause Gottes zusammenwohnt (vgl. 3,15), nachwirken. Der Leiter ist lediglich der Hausverwalter Gottes und darf sich darum keine hierarchische Machtposition verschaffen, sondern bleibt in der Ausübung seines ihm zugewiesenen Amtes dienendes Glied und brüderlicher Helfer innerhalb einer geistlichen Familie. Wieder liegt in formaler Hinsicht eine Entsprechung zu den Tugendreihen der stoischen Berufs- und Beamtenethik und zu ihrem, die ganze Menschheit umfassenden Bruderschaftsideal vor.

5,3–6,2 Der Gemeindespiegel

5,3–16 Die Sorge um den Witwenstand

3 Witwen unterstütze, sofern es sich wirklich um Witwen handelt. **4** Besitzt aber eine Witwe noch Kinder oder sonst Nachkommen, dann sollen diese zuerst lernen, in ihrem Hause einen frommen Wandel zu führen und ihren Voreltern den geschuldeten Dank abzustatten, denn das ist wohlgefällig vor Gott. **5** Die Witwe aber, die es tatsächlich ist und allein steht, hat ihre Hoffnung auf Gott gesetzt und verharrt Tag und Nacht in ihren Bitten und Gebeten. **6** Eine aber, die ein üppiges Leben führt, ist schon bei Lebzeiten gestorben. **7** Schärfe dies ein, damit sie unbescholten bleiben! **8** Wer aber nicht für seine und besonders für die bei ihm wohnenden Angehörigen sorgt, der hat den Glauben verleugnet und ist schlimmer als ein Ungläubiger. **9** Als Witwe kann nur verzeichnet werden, wer mindestens sechzig Jahre alt ist, nur einmal verheiratet war **10** und mit guten Werken ausgewiesen ist: Wenn sie also Kinder aufgezogen hat, Fremden Herberge bot, die Füße der Heiligen wusch, Bedrängten in der Not aushalf und bei jedem guten Werk mit dabei war. **11** Jüngere Witwen aber sollst du zurückweisen. Sobald sie sich nämlich in ihrer Begehrlichkeit gegen Christus wenden, wollen sie heiraten **12** und fallen unter das Urteil, ihren anfänglichen Glauben verworfen zu haben. **13** Dazu gewöhnen sie sich, als Müßiggängerinnen in den Häusern umherzulaufen und dabei nicht nur müßig, sondern auch klatschsüchtig und vorwitzig zu werden und Ungehöriges zu schwatzen. **14** Darum verlange ich, daß die jüngeren heiraten, Kinder gebären, einen Haushalt führen und dem Widersacher wegen Verunglimpfung keine Gelegenheit bieten. **15** Bereits haben sich einige abgewandt und laufen hinter dem Satan her. **16** Wenn eine Gläubige Witwen bei sich hält, dann soll sie für diese sorgen. Die Gemeinde darf nicht belastet werden, damit sie für die wirklichen Witwen aufkommen kann.

Die Witweninstruktion setzt die Einrichtung eines organisierten Witwenstandes bereits voraus. Mißstände bei der Versorgung der Gemeindewitwen aber fordern eine bessere Ordnung. Apg. 6,1 verrät eine ähnliche Situation (vgl. Ign. Smyrn. 13,1; Ign. Pol. 4,1; Polyk. 4,3). Zu viele Witwen nehmen die Unterstützung durch die Gemeinde in Anspruch, so daß die Mittel für die Unterstützung jener Witwen, die es wirklich verdienen, nicht mehr ausreichen. Darum legt die Verordnung genau fest, wer vom Kreis der unterstützungswürdigen Gemeindewitwen ausgeschlossen ist. Es betrifft die reiche Witwe, die im Überfluß lebt, die Witwe mit Angehörigen, die Witwe im heiratsfähigen Alter, die Witwe, die mehr als einmal verheiratet war, die Witwe, die vor ihrer Aufnahme keine guten Werke ausübte und die Witwe, welche im Haushalt einer Christin lebt. Die negativen Abgrenzungen erlauben keinen Aufschluß über den Aufgabenbereich, den die im Gemeindewitwenstand verbleibenden Frauen im Einzelnen zu erfüllen haben. Von einem eigentlichen Witwenspiegel, der die Pflichten und die Tugenden der Witwen aufzählen müßte, kann keine Rede sein. Durchgehender Gesichtspunkt der Anweisungen bleibt vielmehr die Aufhebung des herrschenden Mißstandes durch eine geregelte Versorgung aller Witwen in der Gemeinde, sowohl jener, die in das Witwenverzeichnis der Gemeinde aufgenommen werden können, als auch der vielen andern, die aus den erwähnten Gründen nicht mehr zum Witwenstand gehören können. Die Unterstützung dieser soll möglichst durch private Versorgung erfolgen. Sie entlastet nicht nur die Gemeinde, sondern bietet der christlichen Familie auch Gelegenheit zum verdienstlichen guten Werk, das Gottes Wohlgefallen findet.

Das Witweninstitut der Gemeinde als besonderer Stand der über sechzigjährigen frommen Witwe bildet in erster Linie eine geistliche und nicht eine soziale Einrichtung. Durch ihren Verzicht auf eine zweite Ehe, als gestrenge Erzieherin ihrer Kinder und als unablässige Wohltäterin in der Gemeinde hat sich die gläubige Greisin ein hohes moralisches Ansehen erworben und verzichtet nun gänzlich auf die äußern Bedürfnisse, um ihre letzten Jahre in freiwilliger Armut und täglicher frommer Übung zu verbringen. Sie gleicht der Beterin Hanna im Tempel (Luk. 2,36f.; vgl. 10,38-42; 18,7) und hofft in weltlicher Entsagung und priesterlicher Haltung (Tit. 2,3) auf Gottes Lohn in der Ewigkeit. Ihr Gegenbild findet sie in der Greisin, die der asketischen Forderung nicht zu entsprechen vermag. Sie wird als üppig dahinlebend und geistlich tot hingestellt.

Ausgeschlossen bleibt auch die noch junge Witwe. Schutz- und wehrlos geworden, erscheint sie als gefährdet und bedarf einer neuen häuslichen Geborgenheit. Offensichtlich vermag der Stand der Gemeindewitwen ihr diese nicht zu gewähren. Er bildet keine tragfähige Gruppe innerhalb der Gemeinde. Darum müssen die jüngeren Frauen wieder heiraten, erneut Mutter- und Hausfrauenpflichten erfüllen und sich in die natürliche Ordnung des Lebens einreihen. Bleibt sie aber unverheiratet, dann kommt sie ins Gerede der Leute und bietet dem Widersacher Anlaß zur Verunglimpfung des Evangeliums. Mit dem Widersacher ist der Teufel gemeint, der schon viele Frauen zum Abfall verleitet und zum Ausschluß aus der Gemeinde geführt hat. Die nicht mehr an das Haus gebundene Frau entfernt sich von der gesunden Lehre und kolportiert ketzerische Ansichten.

Warum aber wird die wieder verheiratete Witwe in **V.12** beschuldigt? Die jüngere Witwe soll ja wieder heiraten. Offensichtlich ist nur von jener jungen Witwe die Rede, die bereits in den Witwenverband aufgenommen wurde. Nur ihr gegenüber wird der Vorwurf erhoben, daß ihr erneutes Verlangen nach dem Manne sie in den Gegensatz zu Christus stellt. Ist in V. 12 von ehelicher Treulosigkeit oder von Glaubensabfall die Rede? Der griechische Ausdruck für Treue bedeutet auch Glaube. Von einer Treulosigkeit gegenüber dem verstorbenen Gatten kann keine Rede sein, weil Timotheus die noch heiratsfähige Witwe zu einer zweiten Ehe ermahnen muß. Hatte vielleicht die junge Witwe bei ihrer Aufnahme in den Witwenstand der Gemeinde vor Christus ein Keuschheitsgelübde abgelegt und versprochen, nicht wieder zu heiraten? Abgesehen davon, daß aus sprachlichen Gründen der in diesem Falle mit «die erste Treue brechen» zu übersetzende Ausdruck nicht ohne Gewalt auf den Bruch eines Gelübdes oder, woran auch schon gedacht wurde, auf die Auflösung eines mit Christus eingegangenen Verlöbnisses angewendet werden kann, fehlen die entsprechenden Vorstellungen in den Pastoralbriefen. Weder wird der Gedanke von der Kirche noch gar von der gläubigen Christin als einer Braut oder Ehefrau Christi sichtbar, noch ließe sich die bereits verheiratet gewesene und alt gewordene Frau als Jungfrau denken, die auf die Ankunft ihres Bräutigams Christus wartet. Beachtet man aber nicht nur die in die Witwenverordnung einfließende Absicht, die Witwe der Gemeinde vor Verführung und Abfall zu bewahren, sondern auch die exegetische Verlegenheit, die erste Treue mit einer zweiten verbinden zu können, dann legt es sich nahe V. 12 auf den früheren Glauben der aus dem Witwenstand ausgetretenen und wieder verheirateten Frau zu beziehen. Dazu paßt auch der Ausdruck «Schuldspruch» im Zusammenhang der Ketzerbekämpfung. Der Ausschluß der jüngeren Frau vom heiligen Witwenstand der Gemeinde gründet auf schlechten Erfahrungen: Die sich bietende Gelegenheit einer neuen Ehe trieb die Frau aus der Gemeinde hinaus in das Haus eines Ungläubigen. V.16 erscheint wie eine nachträgliche Bemerkung. Sie erlaubt den zum zweiten Mal zu Witwen gewordenen und von den Gemeindewitwen ausgeschlossenen Frauen die Versorgung im Haus einer reichen Christin.

5,17–25   Die Hebung des Ältestenstandes

17 Älteste, die in guter Weise vorstehen und sich besonders um die Predigt und den Unterricht bemühen, verdienen eine doppelte Belohnung. 18 Sagt doch die Schrift: Einem dreschenden Ochsen sollst du das Maul nicht verbinden! Und: Der Arbeiter ist seines Lohnes wert! 19 Gegen einen Ältesten nimm keine Klage entgegen außer auf Grund von zwei oder drei Zeugen! 20 Die sich verfehlt haben, weise vor allen zurecht, damit auch die übrigen eingeschüchtert werden! 21 Ich beschwöre dich vor Gott, vor Christus Jesus und den auserwählten Engeln, daß du dich ohne Voreingenommenheit daran hältst und ohne jede Parteilichkeit handelst! 22 Lege niemanden die Hände voreilig auf und verstricke dich nicht in fremde Sünden: Bewahre dich sauber! 23 Trinke kein Wasser mehr, sondern verwende um des Magens und um deiner häufigen Krankheiten willen etwas Wein! 24 Die Fehler mancher Leute sind offenkundig und bereits unterwegs zum Gericht, bei andern wird es später dazu kommen. 25 Genau so liegen auch die guten Werke offen zu Tage. Verhält es sich anders mit ihnen, so können sie doch nicht verborgen bleiben.

Nach dem Abschnitt über eine bessere Abgrenzung der sozialen Sicherstellung der Witwen von einem besonderen Stand der gottgeweihten und betagten Gemeindewitwen folgt ohne Zäsur eine ebenfalls umfängliche Anweisung zur Hebung des Ältestenstandes. Auch zu ihm gehören nicht einfach alle älteren Männer der Gemeinde, sondern nur die durch apostolische Handauflegung mit einem besonderen Dienst beauftragten Männer. Sie bilden das Gemeindepresbyterium und werden für ihre Dienstleistung besoldet. Es ist zu fragen, ob es sich im ganzen Abschnitt um dasselbe Thema einer Presbyterregel oder um verschiedene Einzelanweisungen handelt, welche die Inspektorentätigkeit des Timotheus in Ephesus bestimmen sollen. Dann ließe sich der Verfasser von der Vorstellung leiten, Paulus hätte Timotheus zurückgelassen, um in Ephesus verschiedene Mißstände zu bereinigen und Schuldige vor einem Gemeindegericht zu verurteilen. Denkt er dabei an Zurechtweisungen, wie sie nach 1. Kor. 4,14–21; 5,1–5; 2. Kor. 2,5–11; 13,1 ff. durch Paulus in Korinth stattgefunden hatten? Berücksichtigt man aber die Stileigentümlichkeit des Autors, nach der thematische Abschnitte beständig in einzelne sentenzenartige Formulierungen zerfallen und sich die Sätze nicht ohne harte Nahtstellen aneinanderreihen, dann ist trotz äußerer Unverbundenheit an ein durchgehendes Thema zu denken. Die einzelnen Aussagen sind für sich genommen zu vage, als daß in ihnen einzelne Gruppen von Gemeindesündern sichtbar würden, die einem gemeindegerichtlichen Verfahren unterzogen werden. Die Sätze erhalten ihre Farbe erst durch

Einbezug in eine oberhirtliche Anweisung zur Hebung des Ältestenamtes in der Gemeinde. Der Mandatsstil zeigt sich gerade darin, daß die Verfehlungen der Presbyter im Einzelnen nicht beschrieben werden und die Verlautbarung im Grundsätzlichen bleibt.

Die doppelte Anerkennung des tüchtigen Presbyters ist als bessere Bezahlung seiner Dienste zu verstehen. Darauf weisen eindeutig die beiden zitierten Sprichwörter, die als Schriftanführung eingebracht werden. Die erste Stelle findet sich 5. Mose 25,4 und die zweite als Jesuswort in der Redequelle Luk. 10,7/Matth. 10,10. Ob dabei schon aus dem Lukasevangelium zitiert wird, läßt sich nicht ausmachen, weil auch die Apostolischen Väter Jesusworte aus einem weiteren Traditionsstrom zitieren. Die Aufnahme von 5. Mose 25,4 kann aus 1. Kor. 9,9 erfolgt sein. Die Besoldung des Verkündigers war auch für Paulus ein selbstverständliches Recht, von dem er selber in Korinth freilich keinen Gebrauch machen wollte. Weil nach der Form einer grundsätzlichen Verordnung kein bestimmter Geldbetrag oder eine bestimmte Naturalienentschädigung genannt wird, ist der Ausdruck der doppelten Honorierung auch nicht zu pressen. Der Ton liegt vielmehr auf der vermehrten Anerkennung des tüchtigen und bewährten Presbyters und damit auf der Ansporung zu erhöhtem Eifer und unermüdlichem Einsatz. Hervorgehoben sind drei Funktionen, die der Presbyter zu erfüllen hat, wobei nicht klar wird, ob alle drei von derselben Person wahrgenommen werden. Der Presbyter ist Vorsteher, Prediger und Unterweiser.

Nach Tit. 1,5.7 ist der Presbyter in seiner Eigenschaft als Bischof ein Vorsteher der Gemeinde, ein Haushalter und Hausverwalter Gottes, weil die Gemeinde nach 1. Tim. 3,5.15 das Haus Gottes darstellt. Nach Tit. 1,9 gewährleistet der Presbyter auch die zuverlässige Verkündigung und die der Lehre entsprechende Ermahnung. Offensichtlich kämpft der Verfasser der vorliegenden Presbyteranweisung gegen Älteste, die als Leiter ihrer Gemeinden einen schweren Stand haben und der Unterwanderung kaum gewachsen sind. Sie vermögen der einströmenden Irrlehre keine auf der apostolischen Heilslehre gründende Verkündigung entgegenzusetzen. Mit allerlei Anklagen und Vorwürfen wird die Stellung des Presbyters untergraben. Wenn die Verfehlung nicht durch Zeugen nachgewiesen werden kann, muß eine Anklage abgelehnt und der Presbyter vor Anwürfen geschützt werden. Stellt sie sich als stichhaltig heraus, dann ist der schuldige Presbyter freilich vor der ganzen Gemeinde zurechtzuweisen und ohne Ansehen der Person zu bestrafen. Die dreifache Beschwörungsformel betont die Dringlichkeit eines harten Durchgreifens, das wohl bis zur wenigstens zeitweisen Amtsentsetzung führen soll. Darauf deutet die Warnung vor einer voreiligen Handauflegung, die den Leiter der Gemeinde an den Verfehlungen des Beklagten mitschuldig machen würde. Diese Anmerkung beweist, daß die erwähnte Handauflegung nicht mit jener zu verwechseln ist, welche anläßlich der Ordination (1. Tim. 4,14; 2. Tim. 1,6) erfolgt, sondern einen besonderen liturgischen Akt bei der Wiedereinsetzung des reuigen Presbyters darstellt. Nach 2. Joh. 11 darf ein Falschlehrer nicht beherbergt und zur Weiterreise ausgerüstet werden, weil man sich so an dessen Treiben mitschuldig machen würde. 3. Joh. 9 nimmt Stellung gegen den eigenmächtigen Diotrephes. Polyk. 11,1 erwähnt den verkommenen und abgefallenen Presbyter Valens, und 1. Clem. 44,1–6; 47,6 u. a. nehmen entrüstet Stellung gegen die ungerechtfertigte Absetzung von apostolisch eingesetzten Presbytern in Korinth. Diese zeitgenössischen Stellen beweisen, daß eine energische Anstrengung zur Hebung eines anfechtbaren und auch von ketzerischer Seite in Frage gestellten Presbyteriums äußerst dringend geworden war.

Wird die ketzerbekämpferische Tendenz der Presbyterverordnung zugestanden, dann fällt auch die persönlich erscheinende Mahnung, kein Wasser mehr, sondern um der geschwächten Gesundheit willen etwas Wein zu trinken, in keiner Weise aus dem Rahmen. Der Verzicht auf Weingenuß und die demonstrative Wassertrinkerei gehören zum Arsenal einer leibfeindlichen und die Schöpfung verachtenden Irrlehre, welche auch die Befriedigung der leiblichen Bedürfnisse und die Pflege eines kranken Körpers geringschätzt. Gleichsam im Genre der Kleinbildmalerei erhebt der Verfasser Einspruch und zeigt, daß auch der Leib eine Gabe Gottes ist und seine Schöpfung die Mittel zur Pflege und Heilung darbietet. Der schlichte Rückgriff auf die Schöpfung macht freilich den Abstand zu Paulus fühlbar. Die abgewiesene Einstellung wird nicht als Vergesetzlichung des Evangeliums erkannt. Vielmehr bleibt der fromme Genuß und Gebrauch der geschöpflichen Gabe als gottgefälliges Werk bestehen.

Dieses ungebrochene Vertrauen, daß im Endgericht die frommen Taten angerechnet werden, bestimmt – unbeschwert durch die paulinische Rechtfertigungslehre – die beiden abschließenden Verse. Trotz der allgemeinen Formulierung ist bei den Leuten, deren Sünden offen daliegen, am besten an die durch Zeugen überführten Presbyter zu denken. Sie werden aus der Gemeinde ausgeschlossen und dem Endgericht Gottes anheim gestellt. Schwieriger wird es, wenn sich die Beschuldigten zu verteidigen wissen und ihre Überführung nicht gelingt. In diesem Fall bleibt der noch einmal davongekommene Presbyter gewarnt. Denn Gott sieht ins Verborgene und wird alle verheimlichte Sünde im Endgericht bestrafen. An dieses, einmal alle menschlichen Taten und Untaten ans helle Licht ziehende Gericht denkt auch die alle heiligen Engel beschwörende Aufforderung, das Bußverfahren vor versammelter Gemeinde ohne jedes Ansehen der Person durchzuführen. Bei den Engeln handelt es sich um die endzeitlichen Gerichtsdiener, die auch Mark. 8,38 und Offb. 14,10 erwähnt werden. Dieser Ausblick auf das Endgericht beweist freilich nicht, daß sich die urchristliche Naherwartung noch erhalten hätte. Er bezweckt vielmehr die Abschreckung des Sünders und die Anspornung zu guten Werken der Frömmigkeit.

6,1–2 Das Verhalten der gläubigen Sklaven

1 Alle Sklaven, die unter dem Joch stehen, sollen ihre eigenen Herren als jeder Ehrerbietung würdig erachten, damit der Name Gottes und die Lehre nicht verlästert werden. 2 Jene gar, die gläubige Herren haben, dürfen sie nicht verachten, weil sie Brüder sind. Im Gegenteil müssen sie sich in ihrem Sklavendienst noch mehr anstrengen, weil es sich um Gläubige und Geliebte handelt, die sich der Wohltätigkeit widmen.

Zur Witwenordnung und Presbyterregel stößt eine kurze Anweisung über das Verhalten der christlichen Sklaven. Wie in den hellenistischen Kultvereinen fanden sie sich auch in der Gemeinde mit den freien Bürgern als Brüder zusammen. Diese religiöse Verbrüderung entging nicht immer dem Verdacht, der Aufhebung der gesellschaftlichen Schranken und dem Umsturz der öffentlichen Ordnung zu dienen. Darum gehört die Ermahnung zur gehorsamen Unterordnung zum Bestandteil der moralischen Belehrung dieser Zeit (Tit. 2,9f.; Kol. 3,22ff.; Eph. 6,5ff.; 1. Petr. 2,18f.; Did. 4,10f.; Barn. 19,7; Ign. Pol. 4,3. Vgl. 1. Kor. 7,20ff.). Im Unterschied zu den Sklavenspiegeln in Kol. 4,1; Eph. 6,9; Did. 4,10; Barn. 19,7 werden hier die Sklavenherren nicht ermahnt. Dies darf nicht vorschnell als Unterwürfigkeit interpretiert werden. Durchgehender Gesichtspunkt bleibt vielmehr die Sorge um den guten Ruf der Kirche in der Öffentlichkeit. Die Verachtung der gültigen Gesellschaftsordnung böte Anlaß zur Verlästerung des göttlichen Namens. Vor jeder Gelegenheit dazu hütet sich die Kirche dieser Jahre und erhebt in ihrer Polemik den Vorwurf der Gotteslästerung gegenüber den Irrlehrern (1. Tim. 1,13. 20; 6,4; 2. Tim. 3,2; Tit. 2,5; 3,2. Vgl. Ign. Trall. 8,2). Vielleicht gab es auch christliche Gruppen, welche die Sklavenemanzipation predigten und darum die ganze Kirche in Verruf brachten. Das hellenistische Lebensgefühl ist geprägt durch die Annahme einer den ganzen Kosmos durchwaltenden Ordnung aller Dinge. Sie umspannt in harmonischer Ökonomie Himmel und Erde und bestimmt die Gesetze des Lebens in der Natur, im Staatswesen und in der Gesellschaft. Sie gehört auch zur Grundvoraussetzung, welche die hier vertretene christliche Ethik prägt. Darum drängt sie auf Unterordnung und versteht dabei dieses Grundwort als Einordnung ins Ganze.

So fordert auch hier die Regel vom christlichen Sklaven die respektvolle Unterordnung unter seinen Herrn und bezeichnet diesen als Hausherrn mit einem Ausdruck, der 2. Tim. 2,21 im Vergleich mit dem Hausgeschirr auf Gott oder gar auf Christus bezogen wird. Die besondere Ermahnung des Sklaven unter einem gläubigen Hausherrn in **V. 2** zeigt, daß es sich in **V. 1** um Sklaven handelt, die unter dem Joch eines heidnischen Herrn stehen. Sie werden zu besonderer Ehrerbietung aufgerufen. Der beigefügte Ausdruck «unter (dem) Joch» verdeutlicht, daß es sich um dienstverpflichtete Sklaven handelt. Er weist nicht auf besonders schlechte Bedingungen unter heidnischer Herrschaft. Die verlangte Ehrerbietung enthält keine berechnete Absicht, auch eine missionarische wird nicht genannt. Sie erfolgt aus Anerkennung der gültigen Ordnung, die Gott gesetzt hat. Verachtung und Auflehnung würden darum auf den Glauben des unbotmäßigen Sklaven zurückfallen und der Name seines Gottes und die christliche Lehre gelästert. Die gläubigen Herren dürfen nicht verachtet werden, weil sie Brüder sind. Die Begründung ist auffällig und erlaubt verschiedene Interpretationen. Die Bruderbezeichnung verbindet auch 1. Tim. 4,6 und 5,1 die verschiedenen Gruppen in der Gemeinde. Sicher bleibt betont, daß das glaubensbrüderliche Verhältnis die Standesunterschiede nicht einebnen darf. Verachtung meint die Mißachtung der Unterordnung und die damit verbundene Vernachlässigung der Gehorsamspflicht. Der gläubige Hausherr beweist seine Frömmigkeit nicht durch Aufhebung der gesellschaftlichen Schranken, sondern durch seine guten Werke und eine reiche Unterstützung der Armen in der Gemeinde. Das Interesse am verdienstlichen Liebeswerk (vgl. 1. Tim. 5,10; 6,17ff.) verschleiert das gesellschaftliche Problem der sozialen Frage. Vielleicht korrigiert die ausschließliche Betonung der Unterordnung die gegenteilig verstandene Empfehlung des Paulus an Philemon, Onesimus nicht mehr als Sklaven, sondern als einen lieben Bruder im Herrn aufzunehmen (Philem. 16).

6,3–19   Die Einstellung zu Geld und Gut

6,3–5   Die krankhafte Frömmigkeit der Irrlehrer

Solches lehre und bringe bei! 3 Wenn einer eine andere Lehre vertritt und sich nicht an die gesunden Worte unseres Herrn Jesus Christus noch an die fromme Lehre hält, 4 dann ist er aufgebläht und versteht nichts. Er krankt im Gegenteil an Grübelei und Wortgezänk. Daraus entspringen Neid, Streit, Lästerworte, böse Hintergedanken 5

und Ränkespiele von Leuten mit einem zerrütteten Verstand, die der Wahrheit verlustig gegangen sind und Frömmigkeit für ein gutes Geschäft halten.

Die Sklavenregel 6,1f. schloß sich an die befohlenen Maßnahmen zur Hebung des Ältestenstandes 5,17ff. an. Vielleicht befanden sich unter den christlichen Sklaven auch einige, die in der Gemeinde den Rang eines Presbyters bekleideten. Die Möglichkeit gerade ihrer Auflehnung gegen die Autorität ihrer gläubigen Herren war dann besonders groß. Dadurch aber liefen sie Gefahr, sich den unflätigen Irrlehrern gleichzustellen. Trifft diese Überlegung die tatsächliche Situation des Autors und das innere Gefälle seiner Aussagen, dann erklärt sich die Zusammenstellung dieser Instruktionen. Ein aufrührerischer Presbyter-Sklave würde gleichsam selber zu einem Ketzer und muß zur gesunden Lehre der Kirche zurückgerufen werden. Die persönliche Aufforderung an Timotheus, solches zu lehren und einzuschärfen, bezieht sich so auf beide Abschnitte und verbindet die Auslassung gegen die Irrlehrer mit der Sklavenregel.

V.3 beginnt mit einem bedingenden Wenn, wie es häufig ein kasuistisches Einzelgebot einleitet und nicht nur an die Form eines Rechtssatzes der urchristlichen Prophetie erinnert, wie ihn Paulus vielleicht 1.Kor. 3,17 erwähnt. Diese Einleitung gehört zu den übernommenen Formen, welche den kirchlichen Mandatsstil geprägt haben (1.Tim. 3,1.5; 5,4.8.16; Tit. 1,6). Mit den gesunden Worten sind wie in 2.Tim. 1,13 nicht überlieferte Jesusworte gemeint. Die Worte «unseres Herrn Jesus Christus», wie es im Anklang an die liturgische Formulierung in den Paulusbriefen heißt, weisen vielmehr nach der interpretierenden Beifügung auf die rechtgläubige Lehre, die der christlichen Frömmigkeit entspricht. Sie gilt als Norm der kirchlichen Verkündigung, der die mit scheingelehrter Überheblichkeit vorgetragene Winkelpredigt nicht zu entsprechen vermag. Der verwendete Ausdruck «anderslehren» wiederholt 1.Tim. 1,3 und beweist dieselbe polemische Frontlinie. Wieder erfolgt die Abweisung ohne Argumentation und verwendet wie später Polyk. 7,1–2 die alten Muster der Diffamierung des Gegners. Die lasterkatalogähnliche Aufreihung der schlechten Eigenschaften verbindet sich dabei mit einer höhnischen Verurteilung zu krankhafter Dummheit. Trotz den aus Antike und Judentum stammenden Formen und der pauschalen und herben Rhetorik des Verfassers spürt man die ernste Bedrohung der kirchlichen Lehre, Moral und Gemeinschaft, zu der die gegnerische Agitation geführt haben muß. Auch das Motiv der Geschäftstüchtigkeit gehört in die übernommene antike Philosophen-Polemik. Sie wird aber kaum zufällig aufgenommen, sondern paßt zu der immer wieder bekämpften Geld- und Gewinnsucht, von der weder die Gemeindeglieder noch die Beauftragten der Kirche befreit sind.

6,6–10   Genügsamkeit und Habsucht

6 Verbunden mit Bescheidenheit bedeutet Frömmigkeit freilich ein einträgliches Geschäft: 7 In die Welt haben wir ja nichts mitgebracht und so können wir auch nichts aus ihr hinaustragen. 8 Darum werden wir es daran genügen lassen, wenn wir über Nahrung und Kleidung verfügen. 9 Denn jene, die nach Reichtum trachten, fallen in Versuchung, in Verstrickung und in allerlei sinnlose und schädliche Leidenschaften, welche die Menschen ins Unglück und ins Verderben stürzen. 10 Die Liebe zum Gelde ist die Wurzel aller Übel. Manche, die ihr verfielen, irrten vom Glauben ab und bereiteten sich selber viele bittere Qualen.

Der gegen die Irrlehrer erhobene Vorwurf ungebührlicher Bereicherung (vgl. Tit. 1,11) wird **V. 6** nicht ohne Ironie aufgenommen und gegen Mißstände innerhalb der Gemeinde gerichtet. **V. 10b** berichtet am Schluß des Abschnittes, daß gewisse Personen in der Gemeinde aus Habsucht vom Glauben abgeirrt und in arge Schwierigkeiten geraten sind. Die Einstellung zu Geld und Gut bildete in der Christenheit von Anfang an eine immer wieder neu zu lösende Aufgabe. In erheblichem Maße belastete sie das Verhältnis des Apostels Paulus zur Gemeinde in Korinth. Auch schon die Frühgemeinden, aus denen die Evangelisten ihr Überlieferungsgut schöpften, wußten um diese Problematik. Herrenworte und Jesusgeschichten helfen den Evangelisten in ihren späteren Gemeinden die nie zur Ruhe gekommene Frage neu zu beantworten (vgl. Mark. 6,7ff.; Matth. 6,24; Luk. 16,13; 12,22–31). Dabei ging es nicht nur um die rechte Einstellung der Gemeindeglieder im allgemeinen (vgl. Jak. 4,4; 1. Joh. 2,15), sondern auch um die Frage, aus welchen Einkünften die Vorsteher, Lehrer, Prediger und Propheten ihren Unterhalt bestreiten sollten. Aus Worten Jesu an die Jünger wurden Anweisungen für Gemeindemissionare. Anordnungen zur finanziellen Unterstützung und einer ausreichenden Reiseausrüstung der Apostelschüler, Evangelisten und Wanderpropheten finden sich in den Paulusbriefen bis hin zu den Schriften der Apostolischen Väter.

In **V. 11** (s. u.) wird Timotheus mit «Du aber, o Gottesmann» darauf hin angesprochen, dieser Geldgier und den mit ihr verbundenen Verstrickungen zu entfliehen. Timotheus steht für den Hirten der Gemeinde. Die Freiheit von Geldgier und Gewinnsucht gehört zu den von einem Bischof geforderten Eigenschaften (1. Tim. 3,3; Tit. 1,7). Ein von der Gemeinde Beauftragter empfängt darum eine geregelte Entlöhnung zur Bestreitung des Lebensunterhaltes. Sie darf aber nicht so hoch sein, daß er im Überfluß leben kann. Bündig und verbindlich lautet es in **V. 8**: Wir werden uns an Nahrung, Kleidung und Unterkunft genügen lassen. Die Wir-Form ist mehr als rhetorischer Stil. Der Apostel schließt sich mit Timotheus, d. h. der oberhirtliche Schreiber mit seinem gemeindeleitenden Adressaten zusammen. Zuvor begründet er diese apostolische Genügsamkeit, indem er ein verbreitetes Sprichwort aufnimmt. Genügsamkeit ist nicht nur ein Leitwort der stoischen Wanderpredigt. Die Forderung findet sich auch im Alten Testament (Hiob 1,21; Pred. 5,14f.; Weish. 7,6) und als Begriff auch bei Paulus (2. Kor. 9,8; Phil. 4,11. Vgl. Polyk. 4,1). Auffällig ist in **V. 7** die konsekutive Beifügung des Nebensatzes. Es wird nicht nur an die alte Spruchweisheit erinnert, daß der Mensch beim Tod alles zurücklassen muß, sondern gefolgert, daß keine Reichtümer gesammelt werden dürfen. Für den Autor beschreibt der Spruch also nicht nur das allgemeine Schicksal der Sterblichen, sondern bringt den Willen des Schöpfers zum Ausdruck, auf den er schon 4,4 bei der Abwehr der Speisegebote verwiesen hat. Wenn sich ein Presbyter mit Hilfe seiner amtlichen Tätigkeit bereichert, dann verstößt er gegen die Schöpfungsordnung Gottes und hält es mit dem sich bereichernden Sektenprediger. Nach 4,8 ist echte Frömmigkeit in einem andern Sinn ein einträgliches Geschäft: Sie erwirbt einmal das ewige Leben. Darum haben sich die Hirten und Lehrer der Gemeinde mit der Tugend der Genügsamkeit zu schmücken und im Gegensatz zu den Irrlehrern darin ein Vorbild zu sein. 2. Tim. 2,4 ermahnt Timotheus, sich als ein Soldat Christi nicht mit den Geschäften des Lebensunterhaltes zu belasten. Die Versuchung war nicht gering. Zu den Gemeinden, deren Hirten zur Genügsamkeit ermahnt werden, gehören reiche Männer und Frauen. Sie verfügen über die Mittel, in ihren Häusern Sklaven zu beschäftigen, Witwen zu unterhalten, Mitchristen zu beherbergen und als Wohltäter die Gemeinde weitgehend zu unterstützen. Für die Reichen wird die

Freigebigkeit zur Pflicht und die Beschränkung auf das Notwendigste zur Forderung für den, der die Gemeinde leitet und im Glauben unterrichtet.

6,11–16   Der Aufruf zum Kampf und Bekenntnis des Glaubens

11 Du aber, o Gottesmann, fliehe davor. Trachte vielmehr nach Gerechtigkeit, Frömmigkeit, Glauben, Liebe, Geduld und Sanftmut! 12 Kämpfe den guten Kampf des Glaubens! Ergreife das ewige Leben, zu dem du berufen bist und worüber du vor vielen Zeugen das gute Bekenntnis abgelegt hast. 13 Ich gebiete dir vor Gott, der alles lebendig macht, und vor Christus Jesus, der das gute Bekenntnis vor Pontius Pilatus abgelegt hat, 14 daß du den Auftrag makellos und ohne Tadel ausrichtest bis zur Erscheinung unseres Herrn Jesus Christus, 15 welche zu seinen Zeiten anbrechen lassen wird
   «der Erhabene und allein Mächtige,
   der König (aller) Könige und Herr (aller) Herren.
16 Ihm, der allein Unsterblichkeit besitzt,
   der in einem unzugänglichen Lichte wohnt,
   den nie ein Mensch je sah noch sehen kann,
   gebühren Ehre und Macht in Ewigkeit. Amen.»

Mit der häufigen Zäsurformulierung «Du aber» (2. Tim. 2,1; 3,10.14; 4,5; Tit. 2,1) verdichtet sich die besorgte Warnung vor mißbräuchlicher Bereicherung in einen beschwörenden Aufruf, den empfangenen apostolischen Auftrag mit aller Integrität bis auf den Zeitpunkt der Wiederkunft Christi durchzuhalten. Weil darin ein besonderes Anliegen des Verfassers zum Ausdruck kommt, erklingt die Sprache leidenschaftlich und feierlich und schließt der Abschnitt wiederum in einem lobpreisenden Hymnus.
Im Gegensatz zu der in der Gemeinde um sich greifenden Liebe zum Geld und dem lukrativen Geschäft der gewinnsüchtigen Winkelprediger verfolgt ein echter Gemeindehirte die Einübung der Glaubenstugenden, eingedenk seines zu erringenden ewigen Lebens und seines anlässlich der Ordination abgelegten Gelübdes. Die aufgezählten Tugenden bilden keine zufällige Reihe. Gerechtigkeit und Gottesfurcht gehören zu den Grundworten der vertretenen Frömmigkeit, die sich ethisch zu bewähren hat und durch die moralische Leistung ausweist. Glaube, Liebe und Geduld erscheinen als eine Dreiheit dieser Tugenden. Die Geduld als Tugend des alttestamentlichen Frommen, die für die synagogale Frömmigkeit maßgebend bleibt und auch eine stoisch geprägte Lebenshaltung kennzeichnet, verdrängt hier die Hoffnung in der paulinischen Dreiheit. Weil die Hoffnung als ein objektiver Gegenstand der Heilslehre erscheint, entbehrt sie der emotionalen Spannung und bezeichnet nicht mehr die innere Haltung des Glaubenden. Hoffnung bedeutet jetzt einen Bestandteil der Rechtgläubigkeit, welche das ewige Leben garantiert. Für den Autor sagte die nun gängig gewordene Dreiform «Glaube, Liebe, Geduld» zu wenig aus. Darum interpretiert er die Geduld als Demut und benützt dazu einen einmaligen Ausdruck, der die demütige Annahme des Leidens bezeichnet. Der Gläubige wird zum Dulder, der das Böse ohne Murren trägt und so in seiner Gelassenheit dem stoischen Weisen gleicht. Wiederholt weist der Brief die Führer der Gemeinde auf das geduldige Erleiden des Übels: 2. Tim. 2,3.9.25; 3,11. Die in V. 11 so zur Viererformel ergänzte Dreiheit findet in 2. Tim. 2,22 eine annähernde Entsprechung, wo

die Reihe ebenfalls durch den Gegensatz «Fliehe und jage nach» eingeführt wird und «Gerechtigkeit, Glaube, Liebe, Friede» lautet. Die aufgenommene Dreiheit «Glaube, Liebe, Geduld» selber findet sich auch Tit. 2,2. Abgesehen von seinen besonderen Verpflichtungen hat sich der Gemeindeleiter als ein exemplarischer Christ zu bewähren und steht so unter einem erhöhten ethischen Anspruch. Eine besondere Standesethik meldet sich an.
Timotheus wird darum als «Gottesmann» angesprochen. Der Ausdruck zielt auf die besondere Stellung des in der Gemeinde Beauftragten. Noch verleiht das zugewiesene Amt seinem Träger keinen besonderen geistlichen Charakter. Darin unterscheidet sich der Amtsträger vom geweihten Priester der hellenistischen Kultvereine. Die bei der Ordination verliehene Amtsgnade macht ihn auch nicht zum geistbegabten Führer, wie er z.B. in der alexandrinischen Tradition bei Philo erscheint. Die Nähe zur Redeweise der griechischen Synagoge erlaubt es vielmehr, an den alttestamentlichen Gottesmann zu denken. Nach 1. Sam. 2,27 kommt ein «Gottesmann» zu Eli. 5. Mose 33,1 und Ps. 89(90),1 nennen Moses einen «Menschen Gottes». Diese Ausdrücke bezeichnen immer die ausgeübte Funktion, nicht den geistlichen Charakter oder das göttliche Wesen. Durchgehend entsprechen diesem funktionalen Gebrauch auch die übrigen, immer die Dienststellung des Timotheus bzw. der kirchlichen Amtsträger bezeichnenden Titel: Nach 1. Tim. 4,6 ist Timotheus der gute Diener des Christus Jesus, nach 2. Tim. 2,24 ein Knecht des Herrn, 3,17 wiederholt den Gottesmann, 4,5 spricht vom Evangelisten. Mit dem Mann Gottes ist also lediglich der von Gott beauftragte und in einen besonderen Dienst hineingestellte Amtsträger gemeint. Darum wird man ihn nicht als den alleinigen Geistträger und Geistvermittler in der Gemeinde bezeichnen dürfen. Nach Tit. 3,6 erfolgt zudem der Empfang des Heiligen Geistes schon anläßlich der Taufe. Dieser ist darum im Besitz der ganzen Gemeinde. Weil der Amtsträger einen besonderen Dienst ausrichtet, verfügt er über eine besondere geistliche Autorität, aber noch nicht über einen unverlierbaren geistlichen Charakter. Auch für ihn als Gottesmann bleibt wie für die übrigen Gläubigen das ewige Heil lediglich verheißen.
Darum folgt jetzt die Aufforderung zum Kampf des Glaubens und zum Erringen des ewigen Lebens. Das Bild des Wettkämpfers ist in der pädagogischen und erbaulichen Sprache weit verbreitet. Unsere Stelle und 2. Tim. 2,5 dürften sich an 1. Kor. 9,24–27; Phil. 3,12–14 anlehnen, wobei freilich eine leise, aber tiefgreifende Sinnverschiebung nicht zu übersehen ist. Bei Paulus handelt es sich um das siegreiche Durchsetzen seines ihm aufgetragenen missionarischen Dienstes. Er ringt um die Erfüllung seines Auftrages. Hier aber geht es um das Fortschreiten in der persönlichen Frömmigkeit, um das Ringen nach einer höheren Stufe der Heiligung (1. Tim. 4,15; 2. Tim. 4,7–8) und um das unentwegte Streben nach christlicher Vollkommenheit. Nur der in den frommen Tugenden Fortgeschrittene hat Aussicht, am Tage der Wiederkunft Christi das ewige Leben zu empfangen. Weil die Einsetzung dem Kirchenbeamten das ewige Heil nicht garantiert, wird er gerade anläßlich der Ordination ermahnt, voranzuschreiten und sich mit guten Werken das ewige Leben zu sichern (vgl. 1. Tim. 4,16). Die Berufung zum ewigen Leben erfolgte anläßlich der Taufe im Kindesalter. Nach 2. Tim. 1,5; 3,15 stammt Timotheus aus gläubigem Hause und kennt die Heiligen Schriften von Jugend auf. Ist für einen Vertreter der dritten Generation die Kindertaufe anzunehmen, dann gehören die Formulierungen vom Kampf des Glaubens (vgl. 1,18) und vom Ergreifen des ewigen Lebens nicht unbedingt zur Taufsprache, sondern sind als Formen der allgemeinen Ermahnung zu betrachten.

Die **V. 12b** folgenden Aussagen aber dürften dem Formular einer Ordinationsansprache entnommen sein. Das vor vielen Zeugen abgelegte gute Bekenntnis bezieht sich nicht auf das ewige Leben, sondern auf den Glauben. Es wird als gutes, d. h. als ein treffliches Bekenntnis bezeichnet, weil es das Versprechen in sich schließt, sich für diesen Glauben einzusetzen. Der Doppelausdruck «das Bekenntnis bekennen» entspricht der Formulierung «den guten Kampf des Glaubens kämpfen». Die vielen Zeugen erscheinen auch bei der Aufforderung, den empfangenen Glauben weiterzugeben. Es sind die Presbyter, welche das anbefohlene Evangelium weiterzutragen haben (2. Tim. 2,2). Sie sind auch die Männer des Ältestenrates, die ihre Hände auf Timotheus legten und ihm die Weitergabe des apostolischen Wortes in der Gemeinde anvertrauten. So ist das abgelegte Bekenntnis nicht als Glaubensbezeugung in der Verfolgungssituation zu verstehen, wie es z. B. vor der heidnischen Kultuspolizei oder vor dem regionalen Gericht wegen Anklage auf Majestätsbeleidigung gefordert wurde. Wie Paulus den Glauben bis an sein Ende bewahrte, so soll es auch Timotheus tun. Das ist das Gefälle dieser Gemeindeleiter-Ermahnung, das auch die Aussagen in 2. Tim. 2,8-10 und 3,10 bestimmt.

Entsprechend und gebieterisch, von einem doppelten Schwur begleitet, fordert die Mahnung **V. 13f**, den empfangenen Auftrag unversehrt auszurichten. Das zu bewahrende Gebot ist der apostolische Amtsauftrag. Ihn gilt es bis zur Wiederkunft Christi durchzuhalten. Dieser Ausblick auf das Gericht markiert nicht eine noch festgehaltene urchristliche Naherwartung, sondern visiert lediglich den zeitlichen Schlußpunkt im von Gott beschlossenen Erlösungsplan, in welchen die Geschichte der Kirche und ihre Heilsverkündigung eingezeichnet sind. Die Ermahnung beruft sich beschwörend auf Gott, den Schöpfer und Erlöser. Die Verklammerung mit dem Willen des Schöpfers begegnet auch 1. Tim. 4,3-4 und nochmals 6,17. Eine polemische Spitze wird dabei nicht fühlbar, eher ein neues Bewußtsein, in welchem an die Stelle einer endzeitlichen Erwartung der Glaube an einen Gott getreten ist, der den Lauf der Geschichte bestimmt und dessen erhaltende Macht den geschaffenen Kosmos durchwaltet und erhält.

Daneben tritt in der Berufung auf Christus Jesus die Beschwörung der erlösenden Gottheit. Sie wird präzisiert durch den Hinweis auf das gute Bekenntnis, das Jesus vor Pontius Pilatus abgelegt hat. Was ist damit gemeint? Nach Mark. 15,2 par bejahte Jesus, der König der Juden zu sein, um darauf zu schweigen. Nach Joh. 18,33-37 kam es zu einem Gespräch mit Pilatus, in welchem Jesus sagte: «Dazu bin ich geboren worden und in die Welt gekommen, damit ich für die Wahrheit zeuge.» Ganz ähnlich heißt es in 1. Tim. 6,13b, daß Jesus unter Pilatus «das gute Bekenntnis» abgelegt hat. Vorher in V. 12 aber wird derselbe Ausdruck «das gute Bekenntnis» auf das Ordinationsbekenntnis des Timotheus bezogen. Ähnlich wie im Johannesevangelium verstehen die Pastoralbriefe anders als Markus die Szene vor Pilatus als Gelegenheit, die offenbarte Wahrheit des Evangeliums zu bezeugen. Dabei liegt die Betonung auf zwei Punkten: Auf dem Festhalten am Evangelium und auf der Identität des von Jesus abgelegten Glaubensbekenntnisses mit dem spätern, in der Kirche überlieferten Glauben. So wird einerseits die Standhaftigkeit Jesu für Timotheus und damit für die mit ihm gemeinten Gemeindeleiter zum Vorbild. Andererseits wird verdeutlicht, daß der in der Kirche überlieferte und bekannte Glaube der von Jesus offenbarten Botschaft entspricht.

Auch in 1. Tim. 2,6 wird das Leiden Jesu, genauer sein Tod, als Gelegenheit verstanden, das Evangelium zu bezeugen. Dabei wird nicht ohne sprachliche Härte der mit dem bestimmten Geschlechtswort versehene Ausdruck «das Zeugnis» angehängt. Dieses Zeugnis ist wieder identisch mit dem in der Kirche überlieferten rechten Glauben. So stehen der Satz «der unter Pontius Pilatus das gute Bekenntnis bezeugt hat» und der Satz «der sich selbst zum Lösegeld für alle gegeben hat, das Zeugnis zu bestimmten Zeiten» parallel zueinander. Beide Stelle visieren den Tod Jesu: 6,13 durch die als Datierung zu verstehende Erwähnung des Pilatus, 2,6 durch die Aufnahme einer Übergabeformel aus einem Bekenntnisstück, das auch im Jesuswort Mark. 10,45 durchschlägt. Diese zeitliche Fixierung wird durch den auch Tit. 1,3 verwendeten Ausdruck «zu bestimmten Zeiten» bestätigt. Das sich bis zu seinem Tode hinziehende Menschgewordensein des Christus Jesus ist die zu einem im Heilsplan Gottes vorherbestimmten Zeitpunkt erfolgte Offenbarmachung seines Heilswillens, wie es Tit. 1,3 wörtlich formuliert: «Zu bestimmten Zeiten hat er sein Wort offenbar gemacht». Dieses Erscheinungsschema, das zu den Vorstellungen des griechischen Offenbarungsdenkens gehört, beherrscht auch 2. Tim. 1,8-11, wo sich zum Überfluß nochmals der Ausdruck «das Zeugnis unseres Herrn» findet und V. 10 der ins Erscheinungsschema eingeordnete Offenbarungsvorgang ebenfalls im Tode Jesu fixiert wird. Der Tod Jesu wird nicht als heilschaffender Opfer- und Versöhnungstod verstanden. Seine erlösende Bedeutung liegt lediglich darin, daß in ihm der ewige Heilswille Gottes sichtbar und als ein irdisch-geschichtlicher Vorgang faktisch bezeugt worden ist. So gehören Bezeugen und Bekennen, Zeugnis und Bekenntnis zusammen: Der Tod Jesu bezeugt der Welt den Heilsratschluß Gottes. Diesen hat Jesus schon vor Pilatus bezeugt. Timotheus hat ihn bei seiner Ordination bekannt und soll es weiterhin tun. Eine Verbindung dieses Bekennens mit dem Gedanken der Bereitschaft zur Leidensnachfolge und zur Aufnahme des Märtyrertodes ist auszuscheiden. Nicht das Leiden Christi wird erwähnt, noch wie im «Gelitten unter Pontius Pilatus» des spätern Apostolikums als Versöhnungsleiden hervorgehoben. Wie Ign. Magn. 11,1; Trall. 9,1; Smyrn. 1,2 will nur die geschichtliche Einordnung der Heilskundgabe ausgesagt sein.

Darum prägt das griechische Erscheinungsdenken auch die abschließenden und sich zum Hymnus formenden Sätze. Der Auftrag muß bis zur Erscheinung Christi durchgehalten werden. Diese wird wiederum zu den von Gott bestimmten Zeiten stattfinden. In die lobpreisenden Formulierungen darf nicht die königliche Hoheit des thronenden Christus eingetragen werden. Deutlich ist gesagt, daß der König aller Könige die Erscheinung des Herrn heraufführen wird. Bis zu dieser erneuten Offenbarung am letzten Tage aber bleibt Gott der über allem Sichtbaren Erhabene und Unsichtbare. Die Sprache wird metrisch und der Stil liturgisch. Die Strophe erinnert an die gegen den Kaiserkult geformten Gebete der hellenistischen Synagoge, deren Formen und Elemente die griechische Kirche zu großen Teilen übernahm. Die direkte Übernahme eines eigentlichen Hymnus ist indessen hier nicht nachweisbar. Die gehobene Sprache gehört vielmehr zum Stil der kirchenleitenden Hirtenbriefe, die aus dem gottesdienstlichen Lieder- und Gebetsgut einer Kirche schöpft, die sich selber im Wesentlichen als eine kultische Gemeinschaft versteht.

6,17-19   Die Forderung an die Reichen

17 Den Reichen in der gegenwärtigen Welt gebiete, sich nicht zu überheben, noch die Hoffnung auf die Ungewißheit des Reichtums zu setzen, sondern auf Gott, der uns alles reichlich zum Genusse darbietet. 18 (Halte sie an), Gutes zu wirken, an guten Werken reich zu werden, eine offene Hand zu zeigen und für andere da zu sein. 19

Dadurch legen sie sich einen guten Grundstock für die Zukunft zusammen, sodaß sie das wirkliche Leben erlangen können.

Der hymnenartige Abschluß der beschwörenden Mahnung zu treuer Bewährung gehört zum wiederholt beachteten oberkirchlichen Mandatsstil und weist nicht auf ein ursprüngliches Ende des Schreibens. Die lange Reihe der bereits formulierten Instruktionen wird lediglich durch eine weitere Anweisung ergänzt. Nachdem Timotheus vor den gewinnsüchtigen Umtrieben der sektiererischen Kreise gewarnt und zum lauteren Bekenntnis des Glaubens aufgerufen wurde, erfolgt nun diese Mahnung aus seelsorgerlicher Bemühung um die Gemeinde, zu welcher auch viele begüterte und angesehene Glieder gehören. Sie, nicht die Reichen überhaupt, sind ins Auge zu fassen. Die soziale Frage bedrängt die Kirche erst in ihren eigenen Reihen. Sie entwirft noch keine Programme zur sozialen Reform der öffentlichen Ordnung. Es mag auffallen, daß der Ermahnung jede Bezugnahme auf eine innere Verbindung der Gläubigen mit Christus oder mit der Gemeinde fehlt. Weder wird sichtbar, daß Arm und Reich Glieder am Leibe Christi sind, noch bricht der Gedanke einer in sozialer Hinsicht verantwortlichen Bruderschaft durch. Gesichtspunkt bleibt vielmehr die Ausübung einer persönlichen Frömmigkeit, die sich durch barmherzige Wohltätigkeit ausweist und sich ein Guthaben im zukünftigen Leben anlegt. Dazu tritt der Blick auf den Schöpfergott, der als reicher Wohltäter der ganzen Welt das Leben spendet und das zum Unterhalt des Lebens Nötige reichlich darbietet. Weil Gott für den Gläubigen in dieser vergänglichen Welt besorgt ist, erhält sein Reichtum einen Zweck. Er dient nicht mehr der eigenen Lebenssicherung, sondern der Versorgung des Notleidenden in der Gemeinde. Geld und Gut des reichen Gläubigen werden nicht verboten, sondern als eine Gabe des Schöpfers betrachtet, die allen zugute kommen soll. Diese durch die stoische Vorstellung einer weltweiten Bruderschaft geprägte Einschätzung begegnet uns auch im hellenistischen Judentum, mit dem das Christentum den aufgeklärten Geist der Zeit teilt. Den wiederholten Bezug auf den universalen Schöpfergott wird man darum mit dieser philosophischen Aufgeklärtheit verbinden und weniger als Gegensatz zu einer gnostischen Verneinung des Geschaffenen verstehen. Auch mit einer Aufnahme der mit der Jesustradition in die Evangelien eingeströmten jüdischen Weisheit, welche auf die Spatzen und die Lilie auf dem Felde weist und die Sorge um den kommenden Tag verpönt, ist nicht zu rechnen. Der Gedanke eines Schatzes an guten Werken und eines entsprechenden Guthabens im Himmel (so auch Ign.Pol.6,2b) gehört vielmehr zu den bildreichen Klugheitsregeln, welche die christliche und jüdische Religion mit der auf vernunftgemäße Formeln gebrachten Ethik der ganzen Antike teilen. Wenn auch zuzugeben ist, daß sich hier Ansätze zum Ausbau einer verdienstlichen Almosen-, Lohn- und Stufenethik anbieten, so wird doch kein Rechtsanspruch mit dem frommen Werk verbunden, noch die Lohnverheißung der frommen Tat mit der paulinischen Glaubensgerechtigkeit konfrontiert, wie es Jak. 2,14–26 der Fall ist.

6,20–21 Letzte Warnung und Gruß

20 O Timotheus! Wache über das anvertraute Gut und meide das unheilige leere Geplapper und die Behauptungen der angeblichen «Erkenntnis», 21 zu der sich Leute bekennen, die vom Glauben abgeirrt sind. Die Gnade sei mit euch!

Nochmals wird zur Bewahrung des dem ordinierten Gemeindehirten zur Obhut und Weitergabe (vgl. 2. Tim. 2,2) anvertrauten Glaubensgutes (so noch 2. Tim. 1,12. 14) aufgerufen und damit der im Briefeingang erwähnte Hauptzweck und der bedrohliche Umstand des ganzen Schreibens aufgenommen. Jetzt wird die dort beschriebene Irrlehre beim Namen genannt und als Pseudo-«Erkenntnis» (=«Gnosis») bezeichnet. Sie steht im Gegensatz zur echten Erkenntnis des Glaubens, wie ihn auch Paulus in seinen Briefen auf seine Weise formuliert (vgl. u. a. 1. Kor. 1,5; 2. Kor. 2,14; 4,6; 8,7; Phil. 3,8). Im Unterschied zur Irrlehre geht es dem Verfasser in der christlichen Verkündigung um die Erkenntnis des im Glauben an Christus verheißenen Heils und nicht um intellektuelle Einsichten in ein überweltliches Erlösungssystem. Freilich setzen sich die Hirtenbriefe nicht mit der bekämpften Irrlehre auseinander. Die wenigen Hinweise auf gnostische Strömungen erlauben darum keine genauere Bestimmung. Lediglich wird beklagt, daß diese «Erkenntnis» genannte Lehre innerhalb der Gemeinde um sich griff und zum Abfall vom rechten Glauben geführt hat. Ihre Behauptungen stehen in scharfem Widerspruch zur rechtgläubigen Verkündigung. An einen Zusammenhang mit der gegen das Alte Testament gerichteten Kampfschrift «Antithesen» des im Jahre 144 aus der römischen Gemeinde ausgeschlossenen Irrlehrers Marcion aus Sinope ist kaum zu denken. Weder die hier als leeres Geschwätz (so auch 2. Tim. 2,16) bezeichneten Lehren, noch die im Eingang des Schreibens erwähnten mythischen Vorstellungen, Geschlechtsregister und gesetzlichen Spitzfindigkeiten scheinen zu Marcion zu passen. Der Begriff der Antithesen wird im philosophischen Schrifttum der Antike auch im allgemeinen Sinn als Lehrsatz gebraucht. Wenn trotzdem mit den «Antithesen einer fälschlich so genannten Gnosis» das verlorene Werk des Marcion gemeint wäre, dann handelte es sich in V. 20 um einen sekundären Nachtrag, mit welchem unser Schreiben gegen die Marcionitische Kirche eingesetzt werden konnte. Jedenfalls wird abschließend die Frontstellung gegen die ketzerischen Umtriebe der Hirtenschreiben nochmals akzentuiert. Der ermahnte Kirchenleiter verfügt in diesem ihm aufgetragenen Kampf über das ihm bei seiner Ordination durch die Presbyter übergebene «anvertraute Gut» des Evangeliums. Darunter sind nicht überlieferte Glaubenssätze, Bekenntnisformeln und liturgische Sammlungen zu verstehen, sondern der ursprünglich juristische Begriff des zu treuen Händen übergebenen Gutes meint die als paulinisches Evangelium verstandene und von der Kirche des Verfassers als rechtgläubig vertretene Verkündigung des offenbarten Erlösungsplanes Gottes.

Der kurze Schlußgruß richtet sich nicht an Timotheus, sondern an die Mehrzahl der in seinem Namen angesprochenen Gemeindehirten. Die trockene Formel will nicht recht zum warmen Pathos des ganzen Schreibens passen, schon gar nicht zu den Briefabschlüssen des Paulus. Sie gehört offensichtlich zum Kanzleiton eines oberhirtlichen Erlasses einer Kirche, die ihre Autorität durchsetzen will.

Der zweite Brief an Timotheus

1,1-2   Die apostolische Zuschrift

1 Paulus, Apostel des Christus Jesus durch Gottes Willen und nach der Verheißung des Lebens in Christus Jesus, 2 an Timotheus, das geliebte Kind: Gnade, Erbarmen (und) Friede von Gott, dem Vater, und von Christus Jesus, unserem Herrn.

Wieder wird Paulus ohne Nennung weiterer Mitarbeiter als Apostel des Christus Jesus bezeichnet und als alleiniger Verfasser des Sendschreibens erwähnt. Nicht die Beauftragung durch den Rettergott, sondern die Vollstreckung des göttlichen Willens wird jetzt wie in 1. und 2.Kor.1,1; Kol.1,1; Eph.1,1 mit dem Apostelamt verbunden. Dazu tritt der Gesichtspunkt des verheißenen Lebens in Christus Jesus. Darunter ist das zukünftige ewige Leben zu verstehen, das den an die Erscheinung des Christus Jesus Glaubenden zugesagt ist (vgl.1.Tim.1,16; 4,8; 6,12.19). Das Apostelamt des Paulus wird in den durch das Erscheinen Christi offenbarten und ins ewige Leben führenden Heilsplan Gottes integriert. Auch Tit.1,2 gehört die Verkündigung des ewigen Lebens als des Zieles des göttlichen Heilsplanes wesentlich zum Inbegriff des Apostels. Im Unterschied zu 1.Tim.1,2 und Tit.1,3 wird hier Timotheus nicht als ein echtes Kind im Glauben, sondern als das geliebte des Paulus angesprochen. Die apostolische Vollmacht des Gemeindeleiters soll durch eine intime Bindung an Paulus betont werden. Darum wählt der Autor vielleicht im Anschluß an 1.Kor.4,17 und Phil.2,22 einen Ausdruck, der den besonders engen Anschluß des Schülers an den Lehrer kennzeichnet und die Apostolität des Timotheus garantiert. So dient der warme Ton nicht sentimentaler Schilderung, sondern der kirchenrechtlichen Legitimierung des leitenden Amtes.

1,3-5   Die Danksagung

3 Dank sage ich Gott, dem ich von meinen Vorfahren her mit reinem Herzen diene, wenn ich in meinen Gebeten Tag und Nacht unablässig an dich denke. 4 In Erinnerung deiner Tränen verlangt es mich, dich zu sehen, damit ich mit Freude erfüllt werde. 5 Dabei halte ich mir deinen ungeheuchelten Glauben vor Augen, der zuvor in deiner Großmutter Lois und in Eunike, deiner Mutter, wohnte und nun nach meiner festen Überzeugung auch in dir wohnt.

Das paulinische Briefformular kennt in der Regel nach dem Präskript eine sog. Danksagung (Röm.1,8-13; 1.Kor.1,4-9; 2.Kor.1,3-7; 1.Thess.1,2-10; Philem. 4-7; vgl.Eph.1,3-14; Kol.1,3-8; 2.Thess.1,3-12). Dazu gehören die folgenden Elemente: Die einleitende Dankformel, die Glaubensbewährung als Grund des Dankes, die Zusicherung der Fürbitte, das Eingeständnis der Sehnsucht nach dem Empfänger und ein abschließender Lobpreis Gottes. Wie in 1.Tim.1,12 erscheint hier die abweichende Formulierung «Ich sage Gott Dank», wobei der Grund des Dankens nicht ausdrücklich erwähnt wird. Merkwürdig gehäuft begegnen verschiedene Ausdrücke des Erinnerns. Sie gehören zum typisch gewordenen Bild des christlichen Märtyrers. Gleichsam bereits dieser Welt entrückt, liegt er Tag und Nacht vor Gottes Thron auf den Knien und fleht in ununterbrochener Fürbitte um den Sieg der kämpfenden Kirche. Die Fürbitte im Kerker wird zur priesterlichen Liturgie des vor seiner Vollendung stehenden Heiligen im Heiligtum (vgl. die fürbittende Witwe 1. Tim. 5,5; Hanna im Tempel Luk. 2,37; ferner Luk. 18,1–8; Offb. 6,9–11). In unserem Abschnitt freilich wird der Gegenstand der Märtyrerfürbitte deutlich. Es geht ihr um die Bewahrung des rechten Glaubens. Dieser wurzelt bereits in früheren Generationen und ist kostbares Erbgut gläubiger Familientradition. Sowohl Paulus wie Timotheus verfügen über diesen überlieferten Glauben, der ethisch als Ausübung frommer Tugend verstanden wird und den Typus des Gläubigen schafft. Schon 1. Tim. 1,5 bezeichnet die Liebe aus reinem Herzen, gutem Gewissen und ungeheucheltem Glauben als Ziel apostolischer Verkündigung. Dieselbe Begrifflichkeit prägt ebenfalls thematisch die Einführung dieses zweiten Schreibens. Wenn Paulus seine jüdische Vergangenheit erwähnt, dann markiert er wie Phil. 3,7 nicht eine bruchlose Weiterentwicklung jüdischer Frömmigkeit, sondern den Neueinsatz des Glaubens im Ruf zu Christus. Erkennt man aber den bei Paulus und seinem Schüler eingebrachten biographischen Rückblick als ein literarisches Mittel, dann spiegeln sich im gezeichneten Paulusbild die späteren Verhältnisse der Kirche, in der die fromme Familienverbundenheit von drei Generationen zu einem idealen und tragenden Element des christlichen Selbstverständnisses geworden ist. Darum geht es den Pastoralbriefen weder um einen Hinweis auf die jüdische oder alttestamentliche Frömmigkeit als einer früheren heilsgeschichtlichen Entwicklungsstufe des christlichen Glaubens, noch um eine Mitteilung über die familiengeschichtliche Herkunft des Apostels und seines Schülers. So gehören die persönlichen Einzelheiten zum fiktiven Rahmen. Auch die Namen der Frauen sind novellistisches Detail ohne Möglichkeit eines historischen Nachweises. Die Erinnerung an die Tränen des Timotheus malen lediglich die Szene, in der die Getrennten mit schmerzlicher Sehnsucht auf ein letztes Wiedersehen hoffen. Zum Abschied nach Milet (Apg. 20,36–38) braucht Timotheus deswegen nicht aufgeboten zu werden.

1,6–2,2   Die Sorge um das anvertraute Glaubensgut

1,6–14   Die Aufforderung zur tapfern Bekenntnistreue

6 Darum erinnere ich dich daran, die Gnadengabe Gottes, die durch meine Handauflegung vermittelt in dir ruht, wieder zu entfachen. 7 Denn Gott hat uns nicht einen Geist der Verzagtheit gegeben, sondern der Kraft, der Liebe und der Zucht. 8 Schäme dich darum nicht des Zeugnisses unseres Herrn noch meiner, seines Gefangenen; nimm vielmehr das gemeinsame Leiden für das Evangelium auf dich in der Kraft Gottes, 9 der uns errettet und durch heiligen Ruf berufen hat, nicht nach unsern Werken, sondern nach seiner Vorherbestimmung und nach der Gnade, die uns vor ewigen Zeiten in Christus Jesus zugeteilt wurde, 10 jetzt aber sichtbar geworden ist durch die Erscheinung unseres Erretters, des Christus Jesus, der den Tod vernichtet und dafür Leben und Unvergänglichkeit ans Licht gebracht hat durch das Evangelium, 11 zu dessen Botschafter, Apostel und Lehrer ich bestellt worden bin. 12 Deshalb erleide ich auch dies. Aber ich schäme mich nicht. Ich weiß ja, auf wen ich mein Vertrauen gesetzt habe und bin dessen gewiß, daß er die Macht hat, das mir anvertraute Gut

bis auf jenen Tag zu bewahren. 13 Zum Maßstab einer gesunden Verkündigung nimm dir, was du im Glauben und in der Liebe, wie sie in Christus Jesus gelten, von mir gehört hast. 14 Wache über dieses kostbare Gut mit Hilfe des Heiligen Geistes, der in uns wohnt.

Die dem paulinischen Formular nachgeahmte Danksagung verläuft sich ohne besondere Abhebung in eine Darlegung zweier sich beständig durchdringenden Anliegen: die Bereitschaft zur Aufnahme der Leiden um des Evangeliums willen und die Sorge um die unversehrte Bewahrung der kirchlichen, auf Paulus zurückgeführten Verkündigung. Nach der Feststellung, daß Timotheus den überkommenen und legitimen Glauben, den er mit Paulus teilt, nicht heuchlerisch zum Vorwand einer eigenmächtigen Verkündigung macht (vgl. 1. Tim. 4,2), kein Neuling ist (1. Tim. 3,6), sondern von Kindsbeinen an die Heilige Schrift kennt (2. Tim. 3,14–15) und aus gläubigem Hause stammt, wird er nun auf seine Ordinationsverpflichtung angesprochen. Sie besteht in der Entfachung der durch die apostolische Handauflegung vermittelten und nun in Timotheus ruhenden Begabung zur Ausübung des kirchlichen Amtes.

Der verwendete Begriff des Charismas bezeichnet hier nicht wie bei Paulus die durch den Heiligen Geist bewirkte Befähigung jedes einzelnen Gemeindegliedes zu verschiedenen Dienstleistungen am Aufbau der Gemeinde als des Leibes Christi (vgl. Röm. 12,6; 1. Kor. 12,4 u.ö.). Wenn auch nach Tit. 3,5–6 noch durchaus festgehalten wird, daß der Heilige Geist bei der Taufe zur Erneuerung des Lebens reichlich auf alle Gläubigen ausgegossen wird, so ist hier Charisma die besondere Ausrüstung des durch Ordination zum Gottesmann geweihten Amtsträgers. Der Heilige Geist fällt nicht mehr in freier Entscheidung als pfingstliches Ereignis auf einzelne Glieder der versammelten Gemeinde, sondern unterzieht sich einer kirchlichen Ordnung, nach welcher er sich in einem liturgischen Akt zuteilen läßt, in der Taufe dem Täufling, in der Buße dem Reumütigen, in der Ordination dem Bischof, Presbyter und Diakon. Nach **V.6** erfolgte diese Vermittlung des Amtsgeistes durch eine Handauflegung des Apostels selber, nach 1. Tim. 4,14 durch die Auflegung der Hände eines Ältestenrates, des Presbyteriums. Der Verfasser benützt seinen fingierten Paulusbrief, um die apostolische Herkunft und Legitimität der durch die versammelten Presbyter vollzogenen Amtseinsetzung zu unterstreichen. Das Presbyteramt übernahm die griechische Kirche nicht von der paulinischen Gemeinde, sondern sehr wahrscheinlich aus der hellenistischen Synagoge. Die lukanische Gemeinde kannte wohl Gemeindeälteste, aber keinen paulinischen Apostolat. Andererseits erwähnt Paulus nur Bischöfe und Diakone, aber keine Presbyter. Dazu begegnet in den Pastoralbriefen ausschließlich Paulus als Apostel. So bestand offensichtlich für den Verfasser die Notwendigkeit, die Presbyterien seiner Kirchen und die durch diese ordinierten Amtsträger in den Gemeinden unter die apostolische Autorität des Paulus zu stellen. Dies war aber nur möglich, nachdem die Paulusbriefe gesammelt, redigiert und kirchlich sanktioniert waren und auch Paulus selber in der Christenheit weitgehend als Apostel anerkannt worden war. Dieser Amtsgeist befähigt und berechtigt zum apostolischen Dienst in der Gemeinde. Darum formuliert **V.7** in der zusammenschließenden Wir-Form. Die von Gott geschenkte Amtsausrüstung vermittelt die zur Führung der leitenden Geschäfte, zur Verkündigung und zum Unterricht benötigten Fähigkeiten und Eigenschaften: Autorität, Liebe und Disziplin. Diese apostolischen Männer der Kirche wissen, was sie wollen. Ihre Vorbilder sitzen in den Amtsstuben der öffentlichen Verwaltung. Treue zur Sache, kraftvolles Einstehen und tapferer Einsatz, der das persönliche Opfer nicht scheut, kennzeichnen jetzt auch den Mann der Kirche. Wie der Staat seine Ideologie, so vertritt die Kirche ihre Botschaft.

Sie wird **V.8** «das Zeugnis unseres Herrn» genannt. Der Ausdruck sitzt in der durchgehenden besonderen Offenbarungsvorstellung. Nicht das Blutzeugnis, sondern das Heilszeugnis des Herrn ist damit gemeint. Der Tod am Kreuz (vgl. 1. Tim. 2,6) ist das einmalige und entscheidende Offenbarungsereignis. Im Kreuz hat «unser Herr» (wie es in Anlehnung an paulinische Redensart heißt) den ewigen und verheißenen Ratschluß Gottes offenbar gemacht, nach welchem Gott allen Menschen, die an die universale Heilsbotschaft glauben, das ewige Leben schenken wird. So verweist Paulus nicht auf den Märtyrertod Jesu, noch auf seinen eigenen. Gesichtspunkt bleibt vielmehr die Durchsetzung und Weitergabe dieser geoffenbarten Botschaft gegen alle Beschwernisse, die der berufene und beauftragte Prediger auf sich zu nehmen hat. Es wird nicht ausdrücklich gesagt, daß sich diese auf staatliche Verfolgungen beziehen. Sich schämen gehört freilich zur Sprache der Bekenner des Glaubens. Aber gerade die Verbindung mit dem Zeugnis und mit dem gefangenen Paulus beweist einen erweiterten Gebrauch, der sich von der ursprünglichen Bekenner-Situation eines Bekennens bzw. des Verleugnens des Namens Jesu, des Menschensohnes oder des Herrn Jesus Christus entfernt hat.

Auch V.9ff. folgen jetzt gehäuft Ausdrücke und Formulierungen geprägter Sprache. **V.9a** paßt gut in eine Taufansprache. Die gleichlautende Verbindung «der gerufen hat mit heiligem Ruf» gehört freilich zu einer wiederholt zu beachtenden Stilform des Autors. **V.9b** dürfte schwach, deutlicher Tit. 3,5, der paulinische Gegensatz zwischen Werkgerechtigkeit und Glaubensgerechtigkeit anklingen. Er wird aber sofort verdeckt durch die nachfolgenden Vorstellungen aus dem hellenistischen Offenbarungsdenken. Nicht vom Glauben des Gerechtfertigten, sondern von der göttlichen Vorherbestimmung und Huld ist die Rede. Gottes Gnade ist hier nicht mehr wie bei Paulus der Freispruch des Richters, durch welchen Gott den Sünder zum Gerechtfertigten erklärt, sondern die herablassende, barmherzige Tat des göttlichen Wohltäters. Die Vorherbestimmung zielt nicht auf den einzelnen Gläubigen, sondern auf den vor ewigen Zeiten gefaßten Entschluß, den Heilswillen im Erscheinen der göttlichen Erlösergestalt Christus Jesus anzukündigen.

Zu diesem Erscheinungsdenken gehört auch der Gegensatz von «einst geheim/jetzt offenbar». Die Pastoralbriefe greifen dabei auf traditionelle und verbreitete Vorstellungen. Außer Tit. 1,2 begegnen sie Kol. 1,26; Eph. 3,5.9; 1. Petr. 1,20, besonders aber im nachgetragenen Schluß Röm. 16,25–27. Auch Paulus kennt dieses Schema, wenn er von der verborgenen und geoffenbarten Weisheit oder vom Mysterium Gottes spricht (1. Kor. 2,6–10; Röm. 11,25). Besondere polemische Spitzen gegen Mysterienfrömmigkeit, gnostische Propaganda und religiöse Verehrung des Kaisers werden freilich nicht deutlich erkennbar. Aber die liturgische Offenbarungssprache der griechischen Kirche, auf die hier der Autor greift, entnimmt ihre Elemente dem Mischkrug, in den sie der alles durchdringende und verbindende Geist der Zeit geworfen hatte.

In der Manierlichkeit seines gebildeten Stils reiht der Verfasser **V.10b** ein liturgisches Stück dazu, das vielleicht aus einem Tauflied seiner Gemeinde stammt. Von der Vernichtung des Todes, dem Aufleuchten des Lebens und der Unvergänglichkeit konnte auch Paulus sprechen, freilich im Hinblick auf die Ereignisse anläßlich der zukünftigen Äonenwende (vgl. 1. Kor. 15,26.42). Hier scheinen die Überwindung des Todes und das Anslichtkommen der Unsterblichkeit bereits der Vergangenheit anzugehören. Das würde zum hellenistischen Taufverständnis passen, nach welchem der Täufling im Taufakt mit Christus stirbt und in das ewige Leben aufersteht.

An die Stelle eines sakramentalen Taufgeschehens aber tritt nun **V.11** das als paulinisch ausgegebene Evangelium, wie es als kirchliche Verkündigung des erfolgten Christuszeugnisses verstanden ist. In dieser Verkündigung ist für den Gläubigen die in der vergangenen Christuserscheinung erfolgte Verheißung des ewigen Lebens als Heilsdogma verläßliche Wahrheit. Wie 1. Tim. 2,7 wird Paulus Botschafter, Apostel und Lehrer dieses von Christus geoffenbarten Evangeliums genannt. Weil sich Paulus von Gott zum Sachwalter des Heilszeugnisses eingesetzt weiß, ist er auch bereit, die Verfolgungs- und Märtyrerleiden zu erdulden. Wie V. 6 die Mahnung in einem verklammernden Rückgriff zu entfalten beginnt, so nun in genauer Entsprechung **V.12**. Führte die Erinnerung an die Herkunft aus gläubigem Hause zur Forderung, die bei der Ordination empfangene geistliche Ausrüstung zum Dienst am Evangelium nicht ruhen zu lassen, sondern sie furchtlos und ohne Leidensscheu zu gebrauchen, so wurzelt die Aufforderung zur Bewahrung des anvertrauten Evangeliums in der göttlichen Bestellung zum apostolischen Amt. Den zu einer tapfern und opferbereiten Bezeugung der Botschaft gerufenen Hirten der Gemeinde wird das Bild des im Leiden bewährten und seines Glaubens gewissen, zum Märtyrertod bereiten Paulus vor die Augen gehalten. Dieser Paulus ist überzeugt, daß der ihm übergebene Auftrag auch nach seinem Tode ungeschmälert bis zum Jüngsten Tage ausgerichtet werden wird. Diese Beschwörung des in der Ausübung seines Auftrages unsicher und mutlos gewordenen Hirten auf das Bild des glaubensstarken Märtyrers Paulus setzt die Heranbildung einer Märtyrerideologie voraus, an welcher die Gemeindeleiter-Ermahnung ihre ethischen Maßstäbe zu gewinnen vermag. Nach dieser Norm hat der Prediger der Kirche Leiden und Verachtung einer öffentlichen Verurteilung auf sich zu nehmen: Paulus schämt sich nicht (V.12), also soll sich auch Timotheus nicht schämen (V.8).

Die zu durchlaufende Bewährungsstrecke endet erst mit «Jenem Tag». Mit dem vertagten Tag einer inzwischen ausgebrannten Naherwartung (vgl. 2. Tim. 1,18; 3,1; 4,1.8; Tit. 2,13; 1. Tim. 4,1; 5,24; 6,14) ist der Gerichtstag visiert, an welchem der Herr als gerechter Richter alle Glaubenstreue und jede fromme Bewährung belohnen wird. Bis zu dieser «Erscheinung unseres Herrn Jesus Christus» (1. Tim. 6,14), deren Zeitpunkt von Gott wie das Eintreffen der ersten Erscheinung nach verborgenem Ratschluß vorherbestimmt und aller geschichtlichen Berechnung entnommen ist, werden die letzten Tage zum Anfang einer Geschichte, in welcher die Kirche durch die Jahrhunderte schreitet, und die kurze Wartezeit zum Strom der Zeit, der sich ohne Ende in der gegenwärtigen Welt verläuft.

Zur Perspektive auf «Jenen Tag» tritt darum die Verklammerung mit realeren Daten. Als Kanon apostolischer Verkündigung gilt die Paulus als dem Apostel des Christus Jesus zur Weitergabe an seine Nachfolger anvertraute Botschaft von der Erscheinung des Heilsratschlusses Gottes. Paulus wird als erstes Glied einer Kette rechtgläubiger Verkündiger sichtbar. Seine kirchliche Rezeption erfolgt hier mit Hilfe eines Geschichtsbildes über die Anfänge der Kirche, das weder der lukanischen Darstellung, noch den hinter dem Markus- oder dem Matthäusevangelium stehenden Entwürfen entspricht. Kein Wort verrät eine Kenntnis des Zwölferapostolates oder einen Hinweis auf die Auseinandersetzung um das Primat des Petrus. Diese Tatsache wiegt schwer und reiht sich zur andern, daß noch vierzig Jahre später Marcion in Rom eine Gegenkirche begründen konnte, die ausschließlich auf dem

Fundament des Apostels Paulus beruhte. Diese Propagierung des Paulus als dem einzigen und ursprünglichen Apostel des Christus Jesus ist historisch kaum anders als durch die Annahme denkbar, daß in der griechischen Christenheit der Jahrhundertwende der Begriff des Apostels noch völlig offen blieb, und daß keiner der vorhandenen Entwürfe allgemeine Anerkennung gefunden hatte. Die «gesunden Worte» (so die wörtliche Übersetzung V. 13), die Timotheus von Paulus gehört hat, sind weder die Christuspredigt des historischen Paulus noch eine durch diesen weitergegebene Jesustradition, sondern wie 1. Tim. 4,6; 6,3; 2. Tim. 2,2; 4,3; Tit. 1,9 u. a. die unter dem Stichwort «Evangelium» zusammengefaßte und vom Klerus einer bereits konstituierten Kirche durchgesetzte und als orthodox erklärte Heilslehre.

1,15–18   Abfall und Bewährung in Kleinasien

15 Du weißt ja darum, daß sich in Asien alle von mir abgewandt haben. Unter ihnen befinden sich auch Phygelos und Hermogenes. 16 Möge der Herr dem Hause des Onesiphorus Erbarmen erweisen! Denn wie manches Mal hatte er mich aufgerichtet und sich meiner Fesseln nicht geschämt. 17 Er suchte, als er nach Rom gekommen war, im Gegenteil unentwegt nach mir, bis er mich gefunden hatte. 18 Der Herr lasse ihn am Jüngsten Tag Barmherzigkeit finden vor dem Herrn. Und wie manchen Dienst er in Ephesus erwiesen hat, weißt du am besten.

Fingierte Personalnachrichten gehören zu den Kunstmitteln antiker Schriftstellerei, und ihre Verwendung beweist einmal mehr das gehobene Niveau und die literarische Art der Hirtenschreiben. Die damit verfolgte Absicht steht im Zusammenhang mit dem hier festgehaltenen Apostelbild. Der 2. Timotheusbrief malt den verlassenen Paulus, den einsamen Märtyrer in der Todeszelle. Phygelos und Hermogenes stehen für leitende Kirchenleute in der Provinz Asia, die sich aus Furcht vor Verfolgung mit ihren Gemeinden vom verhafteten Paulus abgewandt haben und mit dem Mann im Staatsgefängnis nichts mehr zu tun haben wollen.
Die Namen der Treulosen sind kaum zufällig. Phygelos bedeutet den Schläuling, der die Gefahr wittert und sich beizeiten aus dem Staube macht. Der zusammengesetzte Name Onesiphorus indessen enthält den Ausdruck für Vorteil, Nutzen und Wohlfahrt, der sich auch in andern Doppelnamen (vgl. Onesimus Philem. 10) findet. Onesiphorus ist der Nützliche, der Glückbringer und Behilfliche. Auch in den abschließenden Grußbestellungen (2. Tim. 4,19) erscheint er nicht direkt, sondern lediglich sein Haus, seine Familie. V. 16 wünscht dem Hause des Onesiphorus das Erbarmen des Herrn und V. 18 diesem selber Erbarmen am Jüngsten Tag. Offensichtlich ist Onesiphorus bereits gestorben und seine Familie in arger Bedrängnis.
Der Gedanke an einen Märtyrertod trifft nicht unbedingt die vorgestellte Situation. Der Blutzeuge ist seines Heils gewiß, und am Jüngsten Tag erwartet er Siegeskranz, Triumph und Lohn, nicht aber das Gnadenbrot. Weil in V. 18 zwei Redensarten ineinander fließen, wird zweimal auf den Herrn bezogen. Beide Male ist an die Erscheinung des Christus Jesus beim Endgericht gedacht. Die vermengten Ausdrücke lauten: «Der Herr schenke ihm Erbarmen» (wie in V. 16) und «Möge er Erbarmen finden vor dem Herrn». Wenn wiederholt und im 2. Timotheusbrief besonders deutlich auf die Verfolgung der kirchlichen Führung angespielt wird, so befleißt sich die Gemeinde als ganze doch um öffentliches Ansehen und vermeidet alles, was ihrem Ruf schaden könnte. Als Typus des Märtyrers erscheint in den Pastoralbrie-

fen allein Paulus. Onesiphorus wird aber als Typus des einem Gemeindebischof beigeordneten Diakons verständlich. Die Anregung zu seiner kurzen Skizzierung verdankt der Autor dem Philemonbrief, dessen Situationsschilderung hier ausgesponnen wird. Die nun entworfene Situation geht von der Vorstellung aus, daß Onesiphorus nach Ephesus gehört und sich dort bis zu seinem Tode als äußerst nützlicher Diakon des dort zurückgelassenen Timotheus erwiesen hatte und auch von Timotheus nach Rom geschickt worden war, um den verschwundenen Paulus aufzuspüren und als Überbringer des letzten Paulusbriefes zu dienen. Weder eine Gefangenschaft des Apostels in Ephesus noch eine vorangehende in Rom wird erwähnt. Deutlich wird lediglich die betonte Abkehr der Gemeinden von Paulus. Sie spiegelt die Stellung der späteren Gemeinden. Selbst in Rom muß sich Onesiphorus, trotz den römischen Namen in der Grußliste, nach dem unbekannten Märtyrerapostel aus Asien mühsam durchfragen.

2,1–2 Die zuverlässige Weitergabe des Evangeliums

1 Doch du, mein Kind, werde stark in der Gnade, die im Glauben an Christus Jesus wirksam ist, 2 und überliefere, was du durch Vermittlung vieler Zeugen von mir gehört hast, zuverlässigen Leuten, die auch im Stande sind, wiederum andere zu unterrichten.

Die beiden Verse gehören noch zu den vorangehenden Abschnitten über die Sorge um unversehrte Bewahrung und Weitergabe der rechtgläubigen Verkündigung. Nachher folgen die Aufforderungen zur Leidensnachfolge und zur Abweisung der Irrlehre. Die vertraute Ansprache als Kind paßt zur literarischen Szene und unterstreicht durch die Hervorhebung eines intimen Verhältnisses des Apostels zu seinem Lieblingsschüler die Verpflichtung zu einem sorgfältigen Umgang mit der kirchlichen Glaubenstradition. Man mag freilich fragen, welche Tendenz der Autor damit verbindet. Will er durch die intime Bindung an Paulus ein Kriterium gewinnen, welches ihm die Ausscheidung von unkirchlichen Traditionen aus einer Vielfalt von als christlich herumgebotenen Überlieferungen erlaubt? Dies würde eine hohe Wertschätzung des Paulus in seinen Gemeinden voraussetzen. Oder sieht sich der Autor einer Bewegung gegenüber, die aus theologischen und kirchenpolitischen Gründen die Vereinheitlichung und Normierung der kirchlichen Lehrtradition durch Berufung auf einen andern Apostel, vielleicht auf den Felsenmann Petrus oder den Lieblingsjünger Johannes, durchsetzen will? Dann würde er den Versuch unternehmen, die Gefahr zu bannen, daß die «Pauliner» an den Rand der rechtgläubigen Kirche gestoßen oder gar ins ketzerische Fahrwasser abgetrieben würden. Ob nun die Bindung der Tradition an Paulus aus propaulinischer oder gar kirchenpolitischer Absicht heraus erfolgt, wird eine offene Frage bleiben. Deutlich aber meldet sich hier der Wille, die paulinische Urheberschaft und Autorität als weithin anerkannt darzustellen.
Darum die auffällige Bemerkung, daß Timotheus das von ihm zu verwaltende Evangelium nicht direkt, sondern durch viele Zeugen vernommen hat. Die fingierte Szene Paulus/Timotheus bricht so auseinander und läßt Gemeindehirten hervortreten, die von Lehrern aus einer Paulusschule unterrichtet worden sind. Nichts weist darauf hin, daß die erwähnte Vielzahl von Zeugen mit den ordinierenden Presbytern identisch wäre. Der Begriff des Zeugen ist vielmehr mit dem des Zeugnisses (1.Tim.2,6; 6,13; 2.Tim.1,8) zu verbinden und meint die Botschafter (1.Tim.2,7; 2.Tim.1,11;

1.Tim.3,16; 2.Tim.4,2), die Lehrer (1.Tim.2,7; 2.Tim.1,11) und Evangelisten (2. Tim.4,5) des Evangeliums vom geoffenbarten Heilsratschluß Gottes. So entsteht das Bild eines zahlreichen und verbreiteten Lehrstandes, den es nun zu erhalten und in der ganzen Christenheit durchzusetzen gilt. Nicht nur, daß die Glaubensbotschaft als rechtgläubige Lehre tradiert wird, sondern daß sie unter Berufung auf den Apostel Paulus als orthodoxe Verkündigung weitergegeben wird, ist das Anliegen des Verfassers. Wenn man in V.1f. einen Beleg oder wenigstens eine Ansatzstelle für eine Lehre der apostolischen Tradition oder einer bischöflichen Ämterfolge erkennen will, dann wird zu wenig beachtet, daß nirgends von einer Überlieferung im Sinne einer Zurückführung der Lehre auf die Verkündigung der Apostel die Rede ist, sondern ausschließlich von dem an Paulus übergebenen und ihm anvertrauten «Evangelium». Zum andern wird übersehen, daß mit den «vielen Zeugen» nicht auf eine klerikale oder hierarchische Stellung der «Tradenten», sondern auf ihre Funktion Gewicht gelegt ist. Darum soll die Weitergabe lediglich an zuverlässige, rechtgläubige Leute mit Lehrbefähigung erfolgen. Aus der Forderung, daß ein Bischof oder Presbyter ein tüchtiger Lehrer sein muß (1.Tim.3,2; 2.Tim.2,24; Tit.1,9; 1.Tim.4,6), bei den Pflichten eines Diakons aber die Lehrtätigkeit nicht besonders hervorgehoben wird (1.Tim.3,9.13), geht lediglich hervor, daß Predigt und Unterricht unter die Aufgaben eines Presbyters fallen, sofern er dazu fähig ist. Dann hat er freilich doppelte Anerkennung verdient (1.Tim.5,17). Die Ordination verleiht wohl das Lehramt. Sie ist Dienstzuweisung, aber keine Priesterweihe, welche den Lehrbeauftragten in einen Geistlichen mit unverlierbar apostolischem Charakter verwandeln würde. Die Ordination erscheint noch nicht als Sakrament der Priesterweihe, obwohl durch presbyteriale Handauflegung der Amtsgeist übertragen wird. Wie in 1.Clem.42,2-4; 44,2 empfangen die Presbyter ein Amt, das ihnen durch die Gemeinde wieder genommen werden kann. Der 1.Klemensbrief wendet sich gegen ungerechtfertigte Absetzungen in Korinth. So handelt es sich auch in den Pastoralbriefen um die Kontinuität der Träger des Verkündigungsamtes, aber nicht um die selbständige Fortpflanzung eines klerikalen Standes. Die Beauftragung bezweckt die Gewährleistung einer kontinuierlichen Weiterverkündigung der rechtgläubigen Lehre. Sie erfolgt nicht durch den Bischof, sondern durch ein durch die Gemeinde gewähltes Presbyterium, und dies erst, nachdem der zu Beauftragende durch eine, aus der versammelten Gemeinde ergangene, charismatische Weisung bestimmt worden ist.

2,3–21 Der Aufruf zum Kampf gegen Verfolgung und Irrlehre

2,3–7 Die Aufnahme der Leidensnachfolge

3 Trage mit an der gemeinsamen Last des Bösen als ein rechter Soldat des Christus Jesus! 4 Keiner, der Kriegsdienst leistet, verstrickt sich in die Geschäfte des Unterhalts, wenn er seinem Soldherrn gefallen will. 5 Und obschon einer dem Wettkampf obliegt, so wird er dennoch nicht gekrönt, wenn er sich im Kampf nicht an die Regeln hält. 6 Ein Bauer, der sich abplagt, soll auch zuerst an den Früchten Anteil bekommen. 7 Verstehe recht, was ich sage: Der Herr wird dir ja in allen Dingen Einsicht gewähren.

Steckte die Erinnerung an das hilfreiche und leidensmutige Wirken eines Onesiphorus in Ephesus und Rom bereits den Weg der Leidensnachfolge bis zur Bewährung im Tode ab, so wird dieses Thema jetzt in direkter Berufung auf Paulus eindringlich und beschwörend entfaltet. Nachdem der kurze Hinweis auf die Weitergabe des Evangeliums in verläßliche und fähige Hände den vorangehenden Sinnabschnitt abgeschlossen hat, spannt sich das schon 2. Tim. 1,8 visierte Thema des Mitleidens, sich nun steigernd und vertiefend, bis zum hymnusartigen Schluß in V. 11. Dieses Ausmünden einer thematischen Entfaltung in eine liturgische Strophe gehört zum kirchlichen Stil und zur literarischen Kunst der Pastoralbriefe (vgl. so 1. Tim. 1,17; 3,16; 6,15f.; 2. Tim. 4,7f.; 4,18; Tit. 1,16; 2,14; 3,5-7).

Zuerst wird das bereits 1. Tim. 1,18f. erwähnte Motiv des guten Soldaten Christi aufgenommen. Der Vergleich des Gläubigen mit einem Soldaten findet sich überall im religiösen Sprachgebrauch. Im Mithraskultus, einer aus dem Osten eingedrungenen und unter den römischen Soldaten verbreiteten Religion, gehört der «Soldat» zum dritten Grad der Priesterhierarchie. Das Bild erscheint hier unter dem Aspekt des Leidens. Der Soldat muß die Mühsal und Gefährlichkeit seines Berufes auf sich nehmen können. Bei der Übertragung des Bildes in den vorliegenden Sinnzusammenhang ist nicht nur an die Aufsichnahme der Verfolgungsleiden gedacht, sondern auch an den zu fordernden Verzicht auf einen gewissen Lebensstandard. Der apostolische Dienst erfordert in hohem Maße Genügsamkeit und Bescheidung auf das Notwendigste. 1. Tim. 6,8 formuliert den entsprechenden Wahlspruch. Wenn die ausreichende Fürsorge um die eigene Familie auch ausdrücklich erwähnt wird (1. Tim. 5,8.14.16 u.a.), so soll sich der Verkündiger des Evangeliums im Unterschied zum Sektenlehrer nicht bereichern. Andererseits rechnet vorbildliche Pflichterfüllung mit einer gebührenden Anerkennung. Der Soldat strengt sich an, weil er das Wohlgefallen seines Feldherrn finden will. Zum Selbstverständnis der hier sichtbaren Leistungsfrömmigkeit gehört die selbstverständliche Voraussetzung, daß treu geleistete Dienste das Wohlgefallen Gottes und frommes Werk den verdienten Lohn finden werden. So zeigt 2. Tim. 4,8 denn auch den Überwinder Paulus in seiner bestimmten Zuversicht, nach vollendetem Kampf aus den Händen des Christus als eines gerechten Richters den Siegeskranz zu empfangen. Damit verbindet sich bereits das Motiv in **V. 5**: Zum Bild des Soldaten tritt das des Wettkämpfers. Wer sich nicht an die Spielregeln hält, geht leer aus. Ohne Bild: Wer sich nicht an den Tugendkatalog der Leitervorschrift hält, betrügt sich selbst und bringt sich um den erwarteten Gotteslohn. Dieser Gedanke ruft das dritte Bild vom Ackermann. Es zielt auf einen Kirchenvorsteher, der sein Amt ernst nimmt und sich für das Evangelium einsetzt, wie etwa die leitenden Presbyter, die sich in der Verkündigung und im Unterricht abmühen (1. Tim. 5,17).

In seiner Apologie 1. Kor. 9,7.10.24.25 verwendet auch Paulus dieselben und noch andere, ebenfalls weitverbreitete Motive. Im Zusammenhang einer Abwehr falscher und verleumderischer Vorwürfe fordert er für seine Mitarbeiter den Unterhalt durch die korinthische Gemeinde. Ein literarischer Zusammenhang ist nicht nachweisbar. Paulus und unser Verfasser kennen ähnliche Redensarten, die aus der Volksweisheit stammen. Hier ist der Zusammenhang aber ein anderer. Meint Paulus mit den Vergleichen, was sie als Beispiele für zu entschädigende Arbeit aussagen, so werden sie hier zu Bildern für die Aussage, daß eine fromme Leistung den entsprechenden himmlischen Lohn verdient. Menschliche Billigkeit wird das Maß göttlicher Gerechtigkeit. Dazu kommt, daß sich diese Aufforderung zum ganzen Einsatz mit dem anstachelnden Hinweis auf die zu gewinnende eigene Seligkeit

(«Du wirst dich selber retten» 1. Tim. 4,16) und mit der Zusicherung verbindet, daß gerade der Leiter einen besonderen Anspruch darauf hat («er wird zuerst von seinen Früchten essen»).

V.7 schließt die drei Beispiele mit einem autoritären Weckruf. Er bringt den gebietenden Charakter der Leiterregel zum Ausdruck. Der nachlässige Presbyter wird zum ganzen Einsatz gerufen. Worin er im Einzelnen und im persönlichen Fall zu bestehen hat, wird im allgemein bleibenden Stil des Mandates nicht gesagt, sondern mit einer bereits dünn wirkenden kirchlichen Leerformel der Erleuchtung des Herrn überstellt. Diese erlaubt darum keinen Hinweis auf das Vorhandensein einer charismatischen Leitung in der Gemeinde oder auf den inneren Gehorsam gegenüber der Stimme des Heiligen Geistes im Herzen des angesprochenen Vorstehers. Fromme Sprache erscheint vielmehr als ein Machtmittel der kirchlichen Obrigkeit, mit manipulierten Gewissenszwängen den Willen beim Untergebenen durchzusetzen.

2,8–13 Die Verheißung der Glaubenstreue

8 Behalte Jesus Christus im Gedächtnis, der von den Toten auferweckt worden ist und aus dem Samen Davids stammt, wie es meinem Evangelium entspricht. 9 Für ihn muß ich wie ein Verbrecher alles Schlimme bis hin zu den Fesseln erdulden. Dennoch ist das Wort Gottes nicht gefesselt worden. 10 Darum nehme ich um der Auserwählten willen alles auf mich, damit auch sie das Heil in Christus Jesus voll ewiger Herrlichkeit erlangen. 11 Fest steht das Wort: Wenn wir schon miteinander in den Tod gegangen sind, werden wir auch zusammen leben. 12 Wenn wir geduldig ausharren, werden wir miteinander die Königsherrschaft ausüben. Sollten wir verleugnen, dann wird jener uns verleugnen. 13 Wenn wir treulos werden: jener bleibt treu, denn er kann sich selber nicht verleugnen.

Mit neuer Motivation wird die Ermahnung zur Aufnahme der Leidensnachfolge fortgesetzt und vertieft. Dies geschieht vorerst durch Rückkoppelung an die ereignete Christuserscheinung. Die Erinnerung an Christus stellt nicht den demütigen und leidenswilligen irdischen Jesus als Vorbild vor die Augen. Die beiden Credo-Elemente «auferweckt von den Toten» und «aus dem Samen Davids» erinnern lediglich auf den ersten Blick an Röm. 1,3 und an andere Stellen, in welchen Paulus Teile aus frühchristlichen Bekenntnissen zitiert. Sie weisen vielmehr auf die Erscheinung des Offenbarers, der in der Auferweckung das verheißene ewige Leben bezeugt hat und als Davidsnachkomme die Erfüllung der göttlichen Heilszusage darstellt. Das im ersten Credo-Element verwendete Partizip Perfekt Passiv findet sich nirgends in den bei Paulus tradierten Auferweckungsformeln (vgl. die Aoristformen Röm. 6,9; 7,4; 8,34 und 2. Kor. 5,15. Das Perfekt findet sich nur in der überlieferten Formel 1. Kor. 15,4, aber nicht als Partizip und nicht mit «aus den Toten», sondern mit «am dritten Tage» verbunden). Dazu werden die aufgenommenen Bekenntnisfragmente im Kontext nicht interpretiert. Die Pastoralbriefe entfalten mit tradierten Formeln keine eigene Christuslehre, sondern bezeugen damit die Erscheinung Christi als Durchführung der Heilsveranstaltung Gottes. Ostern ist nicht das Ereignis endzeitlicher Neuschöpfung, sondern nach göttlicher Vorherbestimmung mitten in der Menschheitsgeschichte festgelegter Offenbarungstermin. Darum die Perfektform: Das Ereignis ist eingetreten und sein Offenbarungsgehalt steht jetzt in bleibender Geltung. Darum kann die Erwähnung des Samens Davids

nachhinken. Sie meint wie in der alten Tradition der griechischen Kirche, wie sie z.B. Gal.4,4 auch von Paulus aufgenommen ist, nicht die Menschwerdung des Gottessohnes, sondern in einer oft nicht scharf genug davon abgehobenen Unterscheidung lediglich die göttliche Erscheinung in einer menschlichen Hülle zum bestimmten, im Heilsplan Gottes vorgesehenen Zeitpunkt. Gehörte der Ausdruck ursprünglich im heilsgeschichtlichen Denken der frühen judenchristlichen Gemeinden in das damit verbundene Schema von Verheißung und Erfüllung, in welchem dann Jesus nach der berühmten Nathansverheißung (2.Sam.7,12–16) als Davidssohn und Gottessohn den gekommenen Messias darstellte, so verliert er im hellenistischen Offenbarungsschema die heilsgeschichtliche, messianische und endzeitliche Bedeutung.
Die entsprechende Verschiebung seines Bedeutungsgehaltes erfährt auch der Begriff des Evangeliums. Evangelium ist die Erscheinungsbotschaft und wird hier ausdrücklich als das Evangelium des Paulus bezeichnet. Es spricht für dieses Paulusverständnis im ausgehenden 1.Jahrh., wenn die beiden andern Stellen, an welchen die Formulierung «gemäß meinem Evangelium» noch vorliegt (Röm.2,16; 16,25), von der Forschung eindeutig als sekundäre Glossen erkannt wurden. Im nachgetragenen Schluß des Römerbriefes erscheint dazu die Verbindung mit dem Erscheinungsschema. So fällt ein Licht auf das Schicksal der Paulusbriefe: Die kirchliche Sammlung und Sichtung der echten Paulinen erfolgte nicht ohne redaktionelle Eingriffe, durch welche sie dem veränderten Verständnis des Evangeliums angepaßt und rechtgläubig gemacht wurden. Die als Paulusbriefe ausgegebenen Pastoralbriefe mit ihren sog. Paulinismen konnten nur an Empfänger gerichtet werden, die die rezensierten Paulusbriefe vorfanden und diese als Bestätigung ihrer eigenen Glaubensvorstellungen verstanden. Kein Wunder, wenn der 2.Petrusbrief bemerken muß, daß sich in allen Briefen des geliebten Bruders Paulus einiges Schwerverständliche findet, das die Unwissenden und Ungefestigten verdrehen (2.Petr.3,15–16).
V.9 formuliert die vom Verkündiger des Heilszeugnisses geforderte Leidens- und Tragfähigkeit. Nicht die Schmach Christi, das Ärgernis und die Torheit des Kreuzes ist visiert, sondern die Verfemung als Übeltäter und Bösewicht und die gesellschaftliche Ächtung des Häftlings. Alleiniger und entscheidender Gesichtspunkt bleibt die unbehinderte Weiterverkündigung des Evangeliums. Weil diese Botschaft das Wort Gottes ist, kann es auf seinem durch Gottes Ratschluß festgelegten Lauf durch keine Hindernisse aufgehalten werden. Es wird alle für das ewige Leben Vorausbestimmten erreichen. Dieser Gedanke der göttlichen Vorherbestimmung zum ewigen Leben prägt **V.10**. Der gefangene Paulus wird zum Modell für den mit der Verkündigung des Evangeliums Betrauten, der seinen Auftrag allen Mühsalen und Beschwerlichkeiten zum Trotz bis zur Einkerkerung und zum Martyrium auszurichten hat. Nichts kann den Siegeszug des Evangeliums aufhalten. Am Ende thront der triumphierende Christus mit seiner Schar der Erwählten aus allen Völkern in einem ewig dauernden Herrscherglanz. In dieser gewissen Zuversicht gilt es die Leiden um des Evangeliums willen durchzuhalten.
Wieder schließt der Abschnitt mit einem hymnusartigen und rhythmischen Satzgefüge. Nicht als Zitationsformel, sondern als Stilform zur Einführung einer feierlichen Erklärung erscheint auch wieder das «Zuverlässig ist das Wort» in **V.11**. Trotz Anklängen wird weder das paulinische «Mit Christus Sterben und für Christus Leben», noch das allgemein hellenistische «Mit Christus Gestorben- und Auferstandensein» aufgenommen. Auch die sich vom sakramentalen Taufgeschehen herleitende Vorstellung eines Eingegliedertseins in den Leib Christi schlägt nicht durch. Nicht Taufsprache, sondern sich heranbildende Märtyrersprache formt hier

in der religiösen Erhebung des zur Hingabe Entschlossenen die Mahnung zum gemeinsamen Weg der Glaubenszeugen, der durch Leiden und Tod in die ewige und selige Gemeinschaft mit Christus führen wird. Nicht das «Mit Christus Leiden», sondern das «Gemeinsam für Christus Leiden» führt die Überwinder dorthin, wo sie nach dem Martyrium miteinander auch wieder leben und herrschen werden (vgl. 2.Kor.7,3). Sollten aber Paulus und Timotheus die anvertraute Botschaft verraten und das Evangelium verleugnen, dann wird der als ein gerechter Richter waltende Christus den treulosen Prediger des Evangeliums ebenfalls verleugnen. Dieser bleibt seinem unter Pilatus abgelegten Heilszeugnis treu. Christus, der bereits überwunden hat, kann sich selber nicht verleugnen. Sein Zeugnis wird durch die Treulosigkeit und das Versagen seiner Boten nicht untergehen. Er wird, wie Gott selber kein Lügner ist und sein Wort hält, in seiner Göttlichkeit auch zu der ihm übergebenen Botschaft stehen. Objekt der Treue ist immer der Glaube, nicht Christus selber. Eine Zurücknahme der Treueforderung und der damit verbundenen Androhung des Gerichts kommt nicht in Frage. Die Pastoralbriefe kämpfen gegen den Abfall vom Glauben. Zu den Abgefallenen gehören führende Kirchenleute. Anstatt gegen die Verführer zu kämpfen, laufen sie ihnen nach und werden selber zu Irrlehrern, die sich bereichern und im Ansehen stehen, während die treugebliebenen Lehrer in bescheidenen Verhältnissen leben müssen und von den andern verachtet werden. Eigentliche Verfolgung der Kirchenführung oder gar der ganzen Christenheit wird indessen nicht sichtbar. Der Verfasser kämpft vielmehr gegen einen zu largen Lebensstil und eine Überflutung der Gemeinden durch fremde religiöse Propaganda. Die Gemeinden verlaufen sich. Im Kampf gegen den Feind im Innern der Kirche wird das apostolische Ringen des Paulus um die Wahrung des Evangeliums zum Vorbild und Modell. Der Verfasser malt ein dazu brauchbares Bild des getreuen Glaubenszeugen, der in seiner Todeszelle auf die Hinrichtung wartet. Der in Timotheus angesprochene und verunsicherte Kirchenleiter soll es wissen: Die ursprüngliche und legitime Heilsbotschaft vom zukünftigen ewigen Leben der Gläubigen geht weiter. Obwohl Paulus hingerichtet wurde, blieb das Evangelium sieghaft und breitete sich weiter aus. Davon war Paulus überzeugt und starb in dieser Gewißheit. Er ist darum für die ermüdeten und desorientierten Kirchenleiter ein leuchtendes Beispiel des Glaubensmutes und hingebender Glaubenstreue.

2,14-18 Die Durchführung der Ketzerbekämpfung

14 Rufe dies in Erinnerung und bestehe vor dem Angesichte Gottes darauf, daß die Streitgespräche abgebrochen werden, die zu nichts führen und die Zuhörer nur verderben. 15 Bemühe dich eifrig darum, als ein Erprobter vor Gott zu stehen, als ein Arbeiter, der sich nicht zu schämen braucht und das Wort der Wahrheit unentwegt vertritt. 16 Von unseligen Schwätzereien halte dich fern; denn diese Leute werden immer tiefer in die Gottlosigkeit hineingeraten, 17 und wie ein Krebsgeschwür wird ihre Lehre um sich fressen. Zu ihnen gehören Hymenäus und Philetus, 18 die von der Wahrheit abgeirrt sind. Sie behaupten, die Auferstehung habe sich schon ereignet, und erschüttern manchen den Glauben.

Dienten die Abschnitte über die Aufnahme der Leidensnachfolge (2,3-7) und über die Verheißung der Glaubenstreue (2,8-13) nicht einfach der Ermahnung zu frommer Geduld und gläubigem Aushalten, sondern der Aufforderung zum unentweg-

2. Timotheusbrief 2,14–18

ten Abwehrkampf gegen Verführung und Zerfall und zur entschlossenen Durchsetzung des rechten Glaubens, dann beginnt mit **V. 14** kein neues Thema, sondern es wird näher ausgeführt, mit welchen Mitteln dieser Kampf zu bestehen ist. Die Frage lautet nun: Wie muß ein kirchlicher Amtsträger die Abwehr an die Hand nehmen? Timotheus hat die Gemeinde «vor Gott» zurechtzuweisen. Der griechische Ausdruck weist auf den beschwörenden Charakter dieser Ermahnung. Der beauftragte Leiter gebietet im Namen Gottes als legitime religiöse Autorität. Aus dieser Vollmacht befiehlt er Abbruch der Diskussion. Die Streitgespräche über den Glauben müssen sofort aufhören. Dieses Rede- und Diskussionsverbot ist nur innerhalb einer organisierten Gemeinde denkbar. Es setzt Lehrzwang und Kirchenzucht voraus, die eine offene Gemeinschaft in einen kontrollierten Kultverband verwandeln. Doch ist damit zu rechnen, daß die Anordnungen mehr einem oberhirtlichen Programm entsprechen und weniger die tatsächlichen Verhältnisse der christlichen Gemeinden in ihrer Zeit widerspiegeln. Priester ungezählter Kulte und Heilsprediger verschiedenster Herkunft durchschwärmen das römische Reich. Auch christliche Wanderpropheten und Lehrer in eigener Legitimation kolportieren ein vielgestaltiges Evangelium von Gemeinde zu Gemeinde. Sie bieten der frommen Neugierde immer neuen Anreiz und gefährden die äußere und innere Einheit der Gemeinden. In diese Not hinein fordern die Pastoralbriefe den durch eine Ordination ausgewiesenen und mit der Bewahrung des überlieferten Glaubens betrauten Prediger. Die Darbietung des Evangeliums muß geregelt werden, und der kirchliche Verkündiger empfängt seine Autorität durch die Verbindung seiner geistlichen Verpflichtungen mit einer amtlichen Stellung in der Gemeinde.

An den verbotenen Diskussionen mit fremden Lehrern und an den theologischen Disputen in seiner Gemeinde darf er nicht teilnehmen. Religiöses Debattieren und geistreiche Rechthaberei führen die verunsicherte Gemeinde nicht zum gesunden Glauben. An die Stelle einer bessern Theorie soll Timotheus die fromme Praxis des Evangeliums setzen. Darauf zielt **V. 15**. Vielleicht klingt das Bekenntnis des Paulus aus Röm. 1,16 an, wenn sich auch Timotheus als Arbeiter nicht zu schämen braucht. Aber der Sinn der Worte hat sich gewandelt. Sich nicht schämen bedeutet jetzt die Leidensscheu überwinden und sich vor Gott als glaubenstreu bewähren. Das im Ausdruck «Das Wort der Wahrheit vertreten» verwendete Verb findet sich nur noch Spr. 3,6; 11,5, wo es «Einen Weg bahnen» bedeutet. Spätere Belege fehlen, aber verwandte Wortbildungen beschreiben immer einen gerechten Lebenswandel (vgl. Herm. vis II 2,6; III 5,3). Darum denkt der Autor hier nicht an eine orthodoxe Predigt oder an eine besonders tief in die Heilige Schrift eindringende Belehrung. Der Gegenverkündigung soll Timotheus nicht gleichsam das korrekte Wort von der Kanzel, sondern seine aus dem Glauben gewachsene Frömmigkeit entgegenstellen. Die Waffe im Kampf gegen die theologischen Lehren der Gegner sind die in einer vorbildlichen Lebensführung verwirklichten Ideale christlicher Tugend. Der Gegenverkündigung fehlt der moralische Nachweis. Wie ein häßliches Krebsgeschwür wird sie weiterwuchern und gerade dadurch ihren zerstörerischen, krankhaften Charakter immer mehr hervortreten lassen. Die Aufnahme der Redensart vom um sich fressenden Geschwür ist nicht als eine resignierte Feststellung des siegreichen Vordringens der Irrlehre gemeint. Die Beobachtung, daß die Winkelpredigt die Gläubigen verwirrt und die Gemeinde unterhöhlt, beweist gerade, daß sie ein verfälschtes Evangelium und nicht «das Wort der Wahrheit» anbietet.

Als Agitatoren in der Gemeinde werden ein Hymenäus und ein Philetus genannt. Nach der Notiz in 1. Tim. 1,20 hat Hymenäus zusammen mit einem Schmied (2.

Tim. 4,14) Alexander in Ephesus die Tätigkeit des Paulus sabotiert und wurde «dem Teufel zur Erziehung übergeben», d.h. durch ein Kirchenzuchtverfahren aus der Gemeinde ausgeschlossen. Offensichtlich aber ließ er sich dadurch von seiner Tätigkeit nicht abhalten und fand auch in der Gemeinde weiterhin Gehör. Diese literarischen Fiktionen erlauben natürlich keinen Einblick in die tatsächlichen Verhältnisse zu Ephesus, sondern werfen ein Licht auf die zur Zeit der Briefe herrschenden Zustände. Darnach erscheinen die Gemeinden als zerstritten, die Führung ohne Autorität und die Disziplin verlottert. Hymenäus und Philetus stehen für christliche Lehrer, die sich mit ihrem beträchtlichen Anhang der Kanonisierung der Paulusbriefe und einer sich auf Paulus berufenden Rechtgläubigkeit widersetzen.

Die V.18b angeklammerte Notiz über eine schon ereignete Auferstehung gehört zu den wenigen inhaltlichen Angaben über die bekämpfte Irrlehre. Doch bleibt auch dieser Hinweis allgemein und ermöglicht keinen genauen Bezug. Vielleicht erlaubt die Bemerkung, daß die Behauptung der Gegner den Glauben der Gemeinde zu verwirren vermag, eine gewisse Vermutung. Die Gegner berühren offensichtlich die von den Pastoralbriefen betonte Lehre über die christliche Hoffnung. Nach ihr warten die Gläubigen auf die Wiederkunft Christi (2. Tim. 4,18; Tit. 2,13), auf das Gericht (1. Tim. 5,24f.; 2. Tim. 4,8) und auf das ewige Leben (1. Tim. 1,16; 4,8; 6,12. 19; Tit. 1,1f.; 3,7). Nach Apg. 17,32 spotteten die gebildeten Hörer in Athen, als sie Paulus über die Auferstehung predigen hörten, und noch Polykarp erwähnt Leute, die Gericht und Auferstehung leugnen (Polyk. 7,1). Wahrscheinlich kam es bei Hymenäus und Philetus nicht zu einer direkten Leugnung der endzeitlichen Totenauferweckung und des Endgerichts. Der Autor hätte darauf Bezug nehmen müssen. Die Behauptung einer bereits erfolgten Auferstehung aber lähmte den Eifer für die frommen Werke und beeinträchtigte das Heiligungsstreben der Gemeinde. Handelte es sich vielleicht um eine Auffassung, wie sie von enthusiastischen Christen zur Zeit des Paulus in Korinth vertreten wurde? Von seinen endzeitlichen Denkvoraussetzungen her verstand sie Paulus als Leugner der Auferstehung der Toten (1. Kor. 15,12ff.). Wahrscheinlich aber verbanden diese Christen ihre charismatischen Erfahrungen mit einer zwiespältigen Weltanschauung, glaubten sich im Vollbesitz des Heiligen Geistes und darum als besonders erwählte Geistesmenschen, die auf Grund ihrer tieferen Glaubenserkenntnis bereits auf dieser Erde in die geistige Welt auferstanden waren.

Vielleicht ist noch eine weitere Entwicklung denkbar. Beim allmählichen Zurücktreten des endzeitlichen Selbstverständnisses verband sich der Enthusiasmus im hellenistischen Christentum mit einem sakramentalen Verständnis der Taufe. Die Nähe zu den Kultgemeinden der griechischen Mysterienreligionen blieb nicht ohne Wirkung. Die Taufe verlor ihren symbolischen Charakter und wurde zu einer rituellen Handlung, in der der Gläubige seine reale Verwandlung in einen neuen Menschen erlebte. So lesen wir Kol. 2,12: «Mit ihm (= Christus) seid ihr in der Taufe begraben und mit ihm seid ihr mitauferweckt worden.» Daraus wird gefolgert: «Euer Leben ist mit Christus in Gott verborgen» (Kol. 3,3), nämlich droben, «wo Christus sitzt zur Rechten Gottes» (Kol. 3,1). Für den Verfasser des Kolosserbriefs erfolgt also die Auferstehung bereits in der Taufe. Entsprechend wird auch Eph. 2,5f. der Gläubige als einer angesprochen, der bereits mit Christus auferweckt und mit ihm zu Gott erhöht ist. Vielleicht hat auch Paulus in Röm. 6,1–11 eine ähnliche Taufvorstellung aufgenommen und sie korrigiert, indem er das neue Leben ethisch als ein gehorsames Leben unter der Herrschaft Christi versteht. Auf ihre Weise verstehen auch die Pastoralbriefe (Tit. 3,5.8) die Taufe als Bad der Wiedergeburt und der Erneuerung durch den Heiligen Geist, die zu guten Werken führt. Aber auch das Johannesevangelium kennt Äußerungen, die in die Nähe der von Hymenäus und Philetus vertretenen Lehre gehören (vgl. Joh. 3,36; 5,24; 6,47; 8,51; 11,25f.). So wird deutlich, daß die Pastoralbriefe auch an unserer Stelle mit ihrer Ketzerpolemik Auffassungen verurteilen, die in der griechischen Christenheit durch viele Jahre und weit verbreitet gelehrt und geglaubt wurden. Selbst bei der zentralen Frage nach dem christlichen Verständnis der Auferstehung wird das Prinzip der diskussionslosen Abweisung durchgehalten. Jede Belehrung der Gegner über Christus fehlt, und auf eine seelsorgerliche Bemühung um ein besseres Glaubensverständnis wird verzichtet. An die Stelle theologischer Verantwortung im Gespräch mit den andersgläubigen Kreisen und ihren Führern treten die kirchenamtliche Erklärung und die moralische Forderung.

2,19–21 Das Fundament der Kirche

19 Der in Wirklichkeit unerschütterliche Grundstein Gottes bleibt bestehen und trägt diese Inschrift: «Der Herr kennt die Seinen!» und «Es lasse von der Ungerechtigkeit, wer den Namen des Herrn ausspricht!» 20 In einem großen Hause befinden sich ja nicht nur goldene und silberne Gefäße, sondern auch hölzerne und irdene, und zwar die einen zu ehrenvollem Gebrauch, die andern zu ehrlosem. 21 Wenn sich nun einer von den letzteren wieder sauber macht, dann wird er zu einem Gefäß werden, das der Ehre dient, ein geheiligtes und für seinen Hausherrn wohl brauchbares, das für jedes gute Werk bereit steht.

Zur erfolgreichen Ketzerbekämpfung gehört nicht nur die Anspornung zur tapfern Abwehr, sondern auch der stärkende Blick auf die Festigkeit und Größe der Kirche. Wie die ebenfalls im Kampf gegen die Gegner erhobenen Vorschriften zur Hebung des Episkopen- und Diakonenstandes 1. Tim. 3,15 in einer Versicherung der unerschütterlichen Standfestigkeit der Kirche gipfeln, so wird auch hier Timotheus nicht allein gelassen, sondern der Sache vergewissert, die ihn trägt und die er vertritt. 1. Tim. 3,15 war von der Kirche als dem Hause Gottes, der Kirche des Lebendigen, der Stütze und dem Bollwerk der Wahrheit die Rede. Der verwendete Sprachgebrauch ist alt, wurzelt in Jes. 28,16 und kennt weiteste Verbreitung. Der Vorstellungskomplex begegnet in Qumran (1 QS 8,4–8), schwingt als Motiv bei Paulus in der Formulierung von 1. Kor. 3,11f. mit und formt 1. Petr. 2,4–8 und Eph. 2,20. Eine nähere Bestimmung als Grund-, Eck- oder Schlußstein trifft hier nicht die Aussage, welche wie in 1. Tim. 3,15 auf den bergenden und trotzenden Charakter der Kirche und ihres Glaubens zielt. Der Stein trägt eine Inschrift. Der verwendete Ausdruck spricht von einem Siegel. Er paßt nicht zu den in das Grundgemäuer wichtiger Bauten eingelassenen, behauenen Steinen, wie etwa der berühmte Stein mit der Pilatusinschrift aus Cäsarea oder die Gallio-Inschrift aus Delphi. Paulus aber bezieht das Siegel auf die Taufe (Röm. 4,11) oder auf die Beglaubigung seines Aposteldienstes (1. Kor. 9,2). Offb. 21,14 beschreibt die Grundmauer des himmlischen Jerusalems mit zwölf Grundsteinen, welche die Namen der Apostel tragen. So überlagern sich hier zwei Vorstellungen. Die Kirche ist der Bau, der in seinem Fundament den mit dem Namen des Bauherrn und Eigentümers versehenen Grundstein aufweist, und zugleich die Kirche des Herrn, zu welcher die durch die Taufe versiegelten Gläubigen gehören. Aus einer Taufliturgie können sehr wohl die beiden

Zitate V.19b stammen. Die erste Formulierung, die sich wörtlich in 4.Mose 16,5 findet, erinnert an die in der Taufe erfolgte Übereignung an Christus Jesus, zu dessen Eigentumsvolk der Gläubige nach Tit.2,14 geheiligt wurde; auch Tit.3,5 versteht die Taufe als grundlegendes Ereignis. Die zweite Formulierung ist freilich nicht als exaktes Schriftzitat nachweisbar, erinnert aber an Stellen wie 4.Mose 16,26; Jes.26,13; 52,11; Ps.6,9. Zur Versicherung der Zugehörigkeit zu Christus trat in der Taufe auch die Aufforderung zu einem geheiligten Lebenswandel. Beide Elemente verbinden sich gerade in Tit.2,14. Ein Blick auf Jud.11 läßt freilich erkennen, daß 4.Mose 16 mit dem Aufstand der Korahiten gegen Moses als abschreckendes Beispiel in der Polemik Verwendung fand. Dazu wird 4.Mose 16,2 erzählt, daß es sich bei den Abgefallenen um Vorsteher der Gemeinde, um angesehene, von der Gemeinde berufene Männer gehandelt habe. 2.Tim.3,8 erwähnt Jannes und Jambres als Gegenspieler des Moses vor Pharao und beweist, daß die Pastoralbriefe auf auch in Qumran bekannte (vgl. Damaskusschrift 5,17–19) polemische Verwendung alttestamentlicher Motive der jüdischen Unterweisung zurückgreifen. Aus 1.Tim.5,19 geht hervor, daß gegen Presbyter durchaus Klagen erhoben wurden und gegen Fehlbare nur nach sorgfältiger Prüfung ein Versöhnungsverfahren eingeleitet werden durfte. So stehen die Namen Hymenäus, Alexander, Philetus, Phygelos, Hermogenes und Demas für führende Christen, wohl für Presbyter, die als Irrlehrer (Tit. 3,10f.) sich nach vergeblich erfolgter Zurechtweisung ausschlossen oder ausgeschlossen wurden. Mögen auch Formulierungen aus der Taufliturgie eingeflossen sein, so gewinnt doch die polemische Tradition die Oberhand und bestimmt das Gefälle der eigentlichen Aussage. Besonders die Formulierung: «Es lasse von Ungerechtigkeit, der den Namen des Herrn nennt» wird zur eigentlichen Aufforderung an den Hirten der Gemeinde, die Falschlehrer zur Umkehr zu bewegen. Mit dem Namen des Herrn ist der Herr Christus Jesus gemeint. Schon das Zitat aus 4.Mose 16,5 ersetzte «Gott» mit «Herr».

Weil der Verfasser sich die Kirche als ein Haus vorstellt, liegt ihm der Vergleich mit den verschiedenen Gefäßen in einem großen Hause nahe. Wieder greift er auf verbreitete Bilder, und wieder sprengt sein Aussagewillen das übernommene Motiv. Schon bei Jer.18,1–6 begegnet es in ausgeprägter Form und kann, Jes.29,16 und 45,9 als bekannt vorausgesetzt, kurz aufgegriffen werden und findet endlich in der jüdischen Weisheit seinen selbstverständlichen Platz: Weish.15,7. Bei Paulus bleibt Röm.9,21–25 die Verbindung mit dem frei bestimmenden Willen Gottes erhalten, während hier der Gedanke der Erwählung nicht zum Tragen kommt. Ohne eine tiefere theologische Reflexion dringt der Verfasser auf ein praktisches Handeln in seiner Gemeindesituation. Diese Gemeinde ist ein großes Haus geworden, in dem viele Bewohner ein- und ausgehen. Aber nun soll Ordnung gemacht werden im Hause! Im Unterschied zum Kirchenverständnis des Matthäus (vgl. Matth.13,24–30.37–43.47–50) toleriert er keine faulen Christen in der Gemeinde, sondern fordert die Ausscheidung der schlechten Elemente. Wohl visiert er mit Matthäus das Endgericht, aber er bleibt nicht bei einer Androhung der letzten Scheidung anläßlich des Jüngsten Tages stehen, sondern will diese in seiner Kirche durchführen. Vergleichspunkt seiner bildlichen Rede ist lediglich der Gegensatz: Die kostbaren Gefäße stehen für die Rechtgläubigen, die andern für die Irrlehrer und ihre Anhänger. Von den letzteren hat sich der wahre Gläubige fernzuhalten, bzw. loszumachen und zu reinigen.

2,22–3,17   Die Anordnungen zum Kampf gegen die Irrlehrer

2,22–26   Der Umgang mit den Verführten

22 Fliehe die Leidenschaften der Jugend! Jage vielmehr nach Gerechtigkeit, Glauben, Liebe und Frieden mit denen, die den Namen des Herrn aus reinem Herzen anrufen! 23 Weise die törichten und läppischen Untersuchungen zurück! Du weißt, daß sie nur Streitigkeiten hervorbringen. 24 Ein Knecht des Herrn aber darf sich nicht herumstreiten, sondern hat gegen jedermann freundlich zu sein, tüchtig im Unterrichten und fähig, Böses zu ertragen. 25 Er soll es verstehen, die Widersacher mit sanfter Hand zu leiten, damit ihnen Gott vielleicht die Umkehr zur Erkenntnis der Wahrheit schenken kann 26 und sie wieder ernüchtert aus der Schlinge des Teufels heraus kommen, nachdem sie von ihm lebendig gefangen und seinem Willen unterworfen wurden.

Wieder wird der Gemeindeleiter direkt angesprochen. Nicht nur der Übergang zum appellativen Du-Stil markiert den Neueinsatz, sondern auch inhaltlich ist der Unterschied deutlich. Anstelle der belehrenden Ausführung über die gespaltene Situation in der Kirche und die zu fordernde Absonderung tritt nun die konkrete und gezielte Leiteranordnung. Sie instruiert über den klugen Umgang nicht mit den Verführern, sondern mit den Verführten in der Kirche. Voraussetzung dazu bildet einmal mehr die moralische Integrität und die Übung der frommen Tugenden des Leiters selber. Der moralische Zuspruch erfolgt im Stil der erziehenden Kirche in Anlehnung an hellenistische Tugendreihen, aus denen auch das Motiv entnommen ist, daß ein junger Mann seine Leidenschaften zu zügeln hat. Deutlich wird hier in Timotheus der junge Presbyter angesprochen, der in der Gefahr steht, sich in die jungen Witwen zu verlieben oder wie die Verführer in die Häuser der ungefestigten Frauen zu gelangen und hängen zu bleiben. Dann würde sein Ansehen leiden und seine Position gegen die Ketzer wäre unterhöhlt (1.Tim. 5,11; 2.Tim. 3,6). Die Bezeichnung der Christen als solche, die den Herrn anrufen, nimmt nicht nur das Zitat in V.19 auf, sondern erinnert an die Formeln 1.Kor. 1,2 und Apg. 9,14.21. Im Unterschied zu diesen aus der hellenistischen Synagoge übernommenen Formulierungen wird hier nicht gesagt, daß der Name Jesus Christus angerufen wird, sondern lediglich der Herr. Dadurch ist das bekenntnishafte Moment verlassen und die Aussage verallgemeinert: «Den Herrn anrufen» meint das Gebet im Allgemeinen. Die Tendenz der Mahnung liegt in der Forderung, daß, wer betet, sich auch in den christlichen Tugenden üben soll. Liturgische Praxis und moralische Qualifikation gehören zusammen. Diese Verbindung findet sich auch 1.Tim. 2,8. Hier wird der Leiter besonders darauf angesprochen, weil er bei der Ausübung seiner gottesdienstlichen Funktionen (vgl. 1.Tim. 4,12f.) im öffentlichen Rampenlicht steht.
Wie 1.Tim. 4,6f. folgt der Ermahnung zur Tugend das Verbot, sich mit Lehrstreitigkeiten zu befassen. Die Auseinandersetzung mit der gegnerischen Verkündigung untergräbt den Frieden in der Gemeinde. Das öfters wiederholte Verbot darf nicht nur als Kennzeichen einer autoritären Durchsetzung der Rechtgläubigkeit gedeutet werden, sondern erlaubt vielleicht die Annahme, daß die Irrlehrer gar nicht zur Diskussion bereit sind und ihr ideologisiertes Evangelium als absolute Wahrheit

und in blasierter Starrköpfigkeit anpreisen. Die psychische Struktur des Ketzers ist unbeweglich und führt ihn zu einem Verhalten, welches das Gespräch ausschließt und die Konfrontation verewigt. So wird eine andere Methode zur Rückgewinnung der Verführten notwendig. V. 24 prägt den taktischen Grundsatz, nach dem ein «Diener des Herrn» seine Christlichkeit in kluger Pädagogik einzusetzen hat. Die Forderungen entsprechen jenen, die auch in den Bischofsspiegeln 1. Tim. 3,1–7 und Tit. 1,7–9 erhoben werden.

Der theologische Nachsatz impliziert das Credo von 1. Tim. 2,4, nach welchem Gott will, daß alle Menschen zur Erkenntnis der Wahrheit gelangen. Er legitimiert die kluge und unablässige Bemühung um die Opfer der gegnerischen Propaganda. Als verführte Gläubige sind sie gleichsam betrunken gemacht und so eingeschläfert wehrlos ins Fangnetz des Teufels gebracht worden, wo sie nun als seine Gefangenen ihm zu Willen sein müssen (vgl. die «üblen Plagen des Teufels» Ign. Röm. 5,3). So werden die Verführten gleichsam moralisch entlastet und die falschen Lehrer als Teufelsdiener hingestellt. Der Ketzer ist dämonisches Werkzeug. Das ist durchgehende Auffassung: Vgl. 1. Tim. 1,20; 3,6–7; 4,1; 5,15. Geforderte Nüchternheit gehört in diesen gegen die Irrlehre gerichteten Zusammenhang: 1. Tim. 3,2; 3,11; 2. Tim. 4,5 und Tit. 2,2.

3,1–9 Der moralische Tiefstand der Ketzer

1 Nimm also daraus zur Kenntnis, daß in den letzten Tagen schwierige Zeiten anbrechen werden. 2 Die Menschen werden selbstsüchtig sein, geldgierig, großmaulig, überheblich, lästerlich, den Eltern ungehorsam, undankbar, ruchlos, 3 lieblos, unversöhnlich, verleumderisch, unbeherrscht, zügellos, allem Guten feindlich, 4 verräterisch, leichtfertig, eingebildet, genußsüchtig anstatt gottesfürchtig. 5 Sie wahren wohl den äußern Schein der Frömmigkeit, ihre Kraft aber verleugnen sie. Wende dich ab von ihnen! 6 Aus diesen stammen die Leute, die in die Häuser hineinschleichen und die ungefestigten Frauen umgarnen, welche in einem Haufen von Sünden stecken und von allerlei Süchten umgetrieben 7 beständig auf Neues aus sind und doch nie zur Erkenntnis der Wahrheit gelangen können. 8 Gerade wie Jannes und Jambres sich Moses widersetzten, so stellen sich auch diese Leute gegen die Wahrheit. Es sind Menschen mit einem verdorbenen Denken und im Glauben ohne Gewähr. 9 Freilich werden sie keine weitern Fortschritte mehr machen. Ihr Unverstand wird allen offenbar werden, wie es ja auch bei jenen der Fall war.

Der 2. Timotheusbrief ist als Abschiedsbrief, als eine Art Märtyrertestament des Apostels Paulus konzipiert. Zu solchen Abschieden gehört eine endzeitliche Belehrung über einen kommenden moralischen Zerfall des Menschengeschlechtes. Aus den spätjüdischen Offenbarungsschriften ist diese Voraussage auch in die neutestamentliche Literatur eingedrungen. Die Abschiedsrede Jesu in Mark. 13 erwähnt eine ganze Reihe sich überbietender Ereignisse vor der Wiederkunft, z. B. Mark. 13,12 den Zerfall der Familie. In der Abschiedsrede zu Milet weissagt Paulus Apg. 20,29 das Einbrechen von reißenden Wölfen. Der scheidende Paulus der Pastoralbriefe weist mit den letzten Tagen nicht auf die Tage vor dem Ende, sondern auf die schlimmen Zeiten (1. Tim. 4,1) des Verfassers, deren moralischer Zerfall ihm bereits greifbar geworden ist. Dieser wird mit dem außer Röm. 1,29f. umfangreichsten Lasterkatalog des Neuen Testaments beschrieben. Weil die Muster aus Reihen hellenistisch-jüdischer Heidenpolemik übernommen sein dürften, erlauben sie keine Schlüsse auf die heidnische Umwelt der Zeit, noch gar auf den moralischen Stand der bekämpften Gegner in den Gemeinden. Spätestens V.5 wird ja deutlich, daß nicht an die Endzeit, sondern an die Irrlehrer gedacht ist, die ebenfalls nach der Schablone als schwache Heuchler hingestellt werden. Im Unterschied zur nachgeahmten Endzeitwarnung will der Verfasser freilich nicht zum tapferen Ausharren in allen Endzeitleiden und zur Absonderung von der zum Untergang verurteilten und verderbten Heidenwelt aufrufen, sondern die Irrlehrer moralisch diffamieren. Dabei greift er zu einer pikanten Verhöhnung der gegnerischen Hausmission (vgl. Ign. Eph. 16,1) und versteigt sich in eine befremdliche Herabwürdigung der Frau. War 1. Tim. 4,7 schon von abscheulichen Altweiberfabeln die Rede, so werden die Anhängerinnen der Falschlehrer zu mit Sünden überhäuften Frauenzimmern, die nicht nur von allerlei Zügellosigkeit gejagt werden, sondern in weibischer Neugierde beständig Neuigkeiten begehren und trotz ihrem Lerneifer keine Glaubenserkenntnis erlangen. Bedeutet der Ausdruck «Zur Erkenntnis gelangen» auch hier die Annahme des rechten Glaubens, die Taufe und Eingliederung in die Gemeinde, dann denkt der Verfasser an ungläubige Frauen. Daß diesen Nicht-Christinnen die Fähigkeit des Glaubens abgesprochen wird, paßt nicht zum Credo, daß Gott die Bekehrung aller Menschen will. Der Spott und Hohn dieser ketzerfressenden Auslassungen widerspricht dem missionarischen Heilsuniversalismus der sonst in den Pastoralbriefen vertretenen Verkündigung. Freilich sind die Frauen nur indirekt das Opfer dieser Polemik, direkt betroffen sind die nicht kirchentreuen Lehrer. Ihre religiöse Kolportage wird mit Hilfe der als leichtgeschürzt gemalten Frau ins Zweideutige verunglimpft: Wer wird dann schon auf solche Prediger hören wollen, deren Eifer für das Evangelium sich mit dem Interesse an der halblichten Welt vermischt!

V.8 schließt mit relativer Anknüpfung ein weiteres Motiv aus traditioneller Polemiksprache an. Jannes und Jambres sind legendarische Figuren aus einem Midrasch zur Episode mit den ägyptischen Zauberern, die sich 2. Mose 7,11 Moses entgegenstellten (vgl. Dam. schr. 5,17ff.). Bei Philo werden sie zu Schwätzern. V.9 zieht das Fazit. Diese bloßgestellten Sektierer werden in Zukunft keine weiteren Erfolge verzeichnen. Ihre Fortschritte sind lediglich Schritte in ihren eigenen Untergang (so auch 2. Tim. 2,16 und 3,13). Sie sind ja nichts als unflätige Hexenmeister, dämonische Verführer, die sich dem göttlichen Heilsratschluß vergeblich entgegenstellen und jämmerlich zu Schanden werden.

3,10–12 Das Leidensvorbild des Apostels

10 Du aber folgtest meiner Lehre, meiner Lebensführung, meinem Vorbild: dem Glauben, dem Großmut, der Liebe und Geduld, 11 (aber auch) den Verfolgungen und Leiden, wie sie in Antiochien, in Ikonien und in Lystra über mich kamen. Was für Verfolgungen habe ich erduldet und aus allen hat mich der Herr errettet! 12 Alle nämlich, die als Christen ein frommes Leben führen wollen, werden verfolgt werden.

Der Abwehrkampf kann vom Presbyter nur geführt werden, wenn er bereit ist, nach dem Vorbild des Apostels Paulus die feindlichen Nachstellungen zu erdulden (V. 10–12) und zum andern fähig ist, der Gemeinde selber ein moralisches Vorbild zu bieten, das seiner frommen, an der Heiligen Schrift orientierten Erziehung entspricht (die folgenden V. 13–17). Beide Abschnitte setzen mit dem appellativen «Du aber» ein, einer häufigen Stileigentümlichkeit des Verfassers. Der Hinweis auf das paulinische Vorbild ist keine echte «Paulus-Erinnerung», sondern beschwört das fiktive Paulusbild der Jahrhundertwende. Dieses Idealbild verfügt genau über jene apostolischen Tugenden, die vom Gemeindeleiter gefordert und in **V.10** katalogisiert werden. Auch die biographischen Reminiszenzen passen lediglich zu diesem Apostelbild, aber nicht zum historischen Paulus. Der Hinweis setzt dabei die Bekanntschaft mit den Pauluslegenden voraus, die Lukas in Apg.13f. verarbeitet hatte. Diese Pauluserinnerung übergeht die Angabe in Apg.16,1ff., nach welcher Timotheus erst auf der zweiten Missionsreise zu Paulus gestoßen war und darum keine direkte Kenntnis von den Ereignissen der ersten Reise haben konnte. Auffälligerweise bezieht sich der Verfasser in keiner Weise auf die eindrücklichen Schilderungen in 2.Kor.11,23–33, noch erwähnt er die in Ephesus erlebten Verfolgungen 1.Kor. 15,32; 2.Kor.1,8. Er kann vermutlich bei den Empfängern seiner pastoralen Mahnschreiben keine genauere Kenntnis des Wirkens und der Briefe des historischen Paulus voraussetzen.

Vertrautere Töne dürften ihnen anklingen, wenn der Verfasser, ebenfalls zum Stil seiner Mandate gehörig, in Aufnahme liturgischer Elemente auf die Leidenspsalmen zurückgreift und auf verbreitetes und bekanntes Gut weist. **V.11b** wie 2.Tim. 4,17 und 18 (vgl.auch Matth.27,43; 2.Petr.2,9) sind Nachbildungen zu Ps.21(22), 14.22; 33(34),18.20b. In bedeutsamer Weise aber werden nun diese geläufigen Stellen aus den Leidens- und Verfolgungspsalmen nicht auf das Leiden Christi, sondern auf die missionarischen Verfolgungsleiden des Apostels bezogen. Nie wird das Erdulden der feindlichen Nachstellungen als Teilnahme am Leiden Christi interpretiert und nie wird es als ein Merkmal der Jesusnachfolge sichtbar. Der Presbyter wird nicht auf die Christusleiden oder auf die Jüngerleiden angesprochen, sondern als Apostelschüler in die Paulusnachfolge gestellt und zur Aufnahme der apostolischen Leiden aufgerufen. Diese Aufforderung schließt **V.12**, wiederum einer oft zu beobachtenden Stileigentümlichkeit folgend, mit einer sentenzenhaften, verallgemeinernden Formulierung. Dabei ist der Ausdruck «In Christus Jesus» nicht als eine auf Christus bezogene Bestimmung zu verstehen. Die Pastoralbriefe kennen kein Leiden mit, in oder für Christus. Die Formel gehört vielmehr zum christlichen Leben der Gläubigen und meint die kirchliche Frömmigkeit.

3,13–17 Die Verpflichtung auf die Heilige Schrift

13 Böse Leute und Gauklerpack werden es nämlich immer schlimmer treiben, betrügen und betrogen werden. 14 Du aber bleibe bei dem, was du gelernt und worauf du dein Vertrauen gesetzt hast. Du weißt, wer deine Lehrer waren 15 und daß du von Kindsbeinen an die Heiligen Schriften kennst, die in der Lage sind, dich zum Heil durch den Glauben in Christus Jesus zu führen. 16 Auch ist jede von Gottes Geist erfüllte Schrift für den Unterricht nützlich zur Widerlegung, zur Festigung und für eine Erziehung zu (frommer) Gerechtigkeit 17 in der Absicht, daß der Gottesmann fähig wird, jedes gute Werk an die Hand zu nehmen.

V.13 bildet die Brücke zum zweiten persönlichen Appell V.14ff. Die bösen Menschen werden zusammen mit dem Lügenpack genannt. Der Ausdruck ist im Neuen Testament einmalig, während sich die damit verbundenen Aussagen des Betrügens und der Selbsttäuschung in den polemischen Stücken, besonders der endzeitlichen

Abschnitte finden. Weil es sich um geläufige Sprache handelt, dürfen aus einer möglichen Rückverbindung zu den Paulusleiden und den 3,1 erwähnten letzten Tagen keine festen Schlüsse gezogen werden. Der Verfasser will nicht die apostolischen Leiden der in der Verkündigung tätigen Gemeindevorsteher als Endzeitleiden hervorheben, sondern die Umtriebe in den Gemeinden schlecht machen und betonen, daß sich die Irrlehrer in ihrer Verlogenheit selber das Grab schaufeln.

Die Aufforderung, sich in geeigneter Weise zum Kampf auszurüsten, erfolgt deutlich an die Adresse des dafür verantwortlichen Gemeindeleiters. Die fingierte historische Situation wird nicht durchgehalten: Der Paulus des Verfassers verweist seinen Schüler auf eine von frühester Jugend auf genossene christliche Unterweisung, auf das anläßlich der Ordination abgelegte Treuebekenntnis zum überlieferten Glaubensgut und auf eine Mehrzahl von Lehrern, die «Timotheus» im christlichen Verständnis der Heiligen Schriften unterrichtet haben. Es kann nicht übersehen werden, daß Paulus in einem vermeintlichen Gegensatz zu V.10 nicht als Lehrer hervortritt, der seinen Schüler auf seine eigene Lehre verpflichtet, sondern auf die kirchliche Lehrtradition verweist. Dies wirft ein Licht auch auf die andern Stellen: Die als Lehre des Paulus ausgegebene Botschaft ist nicht das genuin paulinische Evangelium, sondern das als rechtgläubig hingestellte Erscheinungsevangelium des Verfassers. Darum wird man nur sehr bedingt oder kaum von einer «Paulusschule» sprechen dürfen.

Die in **V.15** erwähnten «Heiligen Schriften» dürfen nicht einfach mit «jedem von Gottes Geist erfüllten Schreiben» identifiziert werden. Die «Heiligen Schriften» gehen auf das in der Christenheit gebrauchte griechische Alte Testament zurück. Mit ihm beschäftigt sich ein christlicher Schriftgelehrtenstand, der das Alte Testament mit Hilfe einer allegorischen Auslegungsmethode als eine christliche Offenbarungsurkunde liest. Freilich erscheint diese nicht als ein Dokument der messianischen Verheißungen, sondern als Handbuch christlicher Frömmigkeit, das zur Heiligung anleitet und die Einübung der Tugenden erlaubt, welche zur Ergreifung des Heils führen wird. Dies ist still vorausgesetzt und sofort deutlich, wenn berücksichtigt bleibt, daß die Errettung des Gläubigen erst noch bevorsteht und in der Gabe des ewigen Lebens besteht. Dieses Heil gilt es mit Hilfe des Glaubens «in Christus Jesus» zu erlangen. Damit ist wieder die Frömmigkeit und die kirchliche Rechtgläubigkeit angesprochen, nicht aber das Heil als geschenkte Glaubensgerechtigkeit, wie es Paulus im Römerbrief darlegt. Neben diese «Heiligen Schriften», die als christliches Moral- und Erbauungsbuch verwendet werden, tritt nun das apostolische Schreiben. Von ihm wird hier ausdrücklich gesagt, daß es, was für das Alte Testament eine selbstverständliche Voraussetzung ist, ebenfalls von Gottes Geist erfüllt ist. Diese Bemerkung des Verfassers läßt nicht nur erkennen, daß die Kirche mit der Aufgabe beschäftigt ist, aus einer Flut von religiöser, philosophischer und moralischer Epistel- und Traktatliteratur die nach der kirchlichen Norm als christlich geltende zu bezeichnen, sondern läßt auch die Pastoralbriefe zur gültigen und von Gott inspirierten Kirchenliteratur erklären. So wird **V.16** zu einer Selbstempfehlung.

Die Pastoralbriefe wenden sich nicht an die Gemeinden als ganze, sondern an deren verantwortliche Führer, an die Gottesmänner. **V.17** spricht es denn auch ausdrücklich aus. Der Zweck der inspirierten Schreiben besteht in der Zurüstung des Leiters, die ihn zu jeder «guten Unternehmung» befähigt. Nicht einfach ein gutes Werk frommer Leistung, sondern das besondere «gute Werk», nach welchem einer strebt, der das Vorsteheramt begehrt (1.Tim.3,1), ist hier angesprochen. Zu dieser «guten Tätigkeit» gehört besonders der Unterricht, die Überführung der Gegner, die Durchsetzung des rechten Glaubens in der Gemeinde und die Förderung des gottwohlgefälligen Lebenswandels der Gläubigen.

4,1–18   Die letzten Worte des Märtyrers

4,1–8   Das Testament des Apostels

1 Ich beschwöre dich vor Gott und vor Christus Jesus, der Lebende und Tote richten wird, und bei seiner Erscheinung und bei seinem Reich: 2 Verkündige das Wort! Tritt jederzeit auf, ob's paßt oder nicht! Weise zurecht, tadle und ermahne mit aller Geduld und in jedem Punkt der Lehre! 3 Denn es kommt die Zeit, in welcher man einen gesunden Unterricht nicht mehr ertragen will, sondern sich in großer Zahl Lehrer nach eigenen Wünschen verschafft und sich die Ohren kitzeln läßt. 4 Der Wahrheit aber wird man das Ohr entziehen und sich den Mythen zuwenden. 5 Du aber bleibe in jeder Beziehung nüchtern! Nimm das Böse geduldig auf dich! Verrichte das Werk eines Predigers des Evangeliums und erfülle deinen Dienstauftrag! 6 Ich selber werde ja nun hingeopfert und der Zeitpunkt meines Abscheidens steht bevor. 7 Ich habe den guten Kampf gekämpft, den Lauf vollendet und den Glauben bewahrt. 8 Endlich liegt die Krone der Gerechtigkeit für mich bereit, die mir der Herr am Jüngsten Tage darreichen wird, der gerechte Richter. Nicht nur mir allein, sondern allen, die sein Erscheinen lieb gewonnen haben.

Mit V.9 beginnen die Schlußmitteilungen, die persönlichen Anordnungen und Grüße. Die **V.1–8** sind darum als ein beschwörender und den ganzen Brief zusammenfassender Schlußappell des vor seiner Hinrichtung stehenden Märtyrerapostels an seinen zurückbleibenden Lieblingsschüler und dessen Nachfolger gedacht. Schlag auf Schlag hämmern die kurzen Aufrufe auf ihr Gewissen ein. Inhaltlich repetieren sie bereits Entfaltetes. Wie immer, wenn die Anweisung zur Aufforderung wird, den Glauben zu bekennen, münden die Sätze in ein strophenähnliches Gebilde. Appell und Bekenntnis stehen unter demselben Gesichtspunkt des Jüngsten Gerichts und blicken auf den kommenden Richter Christus Jesus (V.1.8). Die beschworene Angst vor dem Gericht bezweckt die treue Pflichterfüllung in der Gemeinde. Die vielgliedrige Schwurformel überholt sich geradezu in der Betonung dieses bedrohlichen Aspekts. In der Bezeichnung Christi als zukünftiger Richter der Lebenden und der Toten erscheint bereits die entsprechende Formulierung in der spätern Glaubensregel. Sie wurzelt in den endzeitlichen Vorstellungen des Judentums (Dan. 7,9 ff.; 4. Esr. 7,33; äth. Hen. öfters), von wo sie in Verbindung mit dem Menschensohn in die Evangelienüberlieferung übernommen wurde (Matth. 25,31; Luk. 18,8; Joh. 5,26–29). Bei Paulus und in den jüngeren Schriften des Neuen Testaments vollziehen Gott oder Christus als der Herr das Gericht (Röm. 14,9–12; 2. Kor. 5,10; 1. Thess. 4,16 f.; Apg. 10,42; 1. Petr. 4,5; Hebr. 12,23).
In der einleitenden Beschwörung V.1 verbindet sich mit dieser Vorstellung des kommenden Richters der Grundbegriff der Erscheinung Christi, der «Epiphanie». Er steht für den Begriff der «Parusie» (= das Gegenwärtigsein) und meint mit Ausnahme von 2. Tim. 1,10 die Ankunft des Christus zum Endgericht. Auch V. 8 wie 1. Tim. 6,14 und Tit. 2,13 (vgl. 2. Thess. 2,8) verbinden beide Begriffe. Der kom-

mende Christus bringt aber nicht nur das Gericht, sondern auch sein Reich mit sich. Paulus selber spricht nur vom Reich Gottes, Kol. 1,13 vom Reich des Sohnes, Eph. 5,5 vom Reich Christi und Gottes. Die Pastoralbriefe verstehen es nicht in einem dynamischen, sondern, wie oft in den spätjüdischen Offenbarungsschriften und im Matthäusevangelium, in einem räumlich-gegenständlichen Sinn. Das Reich befindet sich gegenwärtig noch im Himmel und wird dann bei der Enderscheinung auf die Erde gebracht.

Die Beschwörung V. 1 setzt eine zum orthodoxen Glauben gehörende Lehre über die sog. «Letzten Dinge» voraus. In ihr spielt Christus nicht die Rolle eines Versöhners, sondern die eines gestrengen und gerechten Gerichtvollstreckers, der die Frommen belohnen und die Sünder bestrafen wird. Darum muß diese Botschaft unentwegt und bei jeder Gelegenheit ausgerichtet werden. Das dabei zu verkündigende Wort wird zur Morallehre der Kirche und das von ihr als gesunde Lehre begutachtete Evangelium zur gesetzlichen Forderung einer verdienstlichen Frömmigkeit. Zu den letzten Worten des Märtyrers gehören prophetische Warnungen vor dem kommenden Abfall. Wie in der Miletrede Apg. 20,28–30 erfolgt dieser innerhalb der Kirche. Der Verfasser erlebt, was er Paulus voraussagen läßt. Ein Teil der Gemeinde entzieht sich der vergesetzlichten «gesunden Lehre» des Evangeliums. Die mit der Gerichtsangst operierende und fromme Werkerei fordernde Verkündigung führt zu Spaltungen. Sie überfordert die Gemeinde und macht das Evangelium zur Last. Ausscherende Gruppen wenden sich fremden Lehrern zu, die sich dem Presbyterium der Gemeinde nicht unterstellen. Darum fällt nun auf die unbotmäßigen Gläubigen der Tadel, den eigenen Begierden zu folgen und am wilden Lehrvortrag, der sich mit «Mythen» beschäftigt, Gefallen zu empfinden (1. Tim. 1,4; 4,7; Tit. 1,14). Timotheus erhält den Auftrag, die sich verlaufende Gemeinde zur kirchlichen Verkündigung zurückzuführen. Der direkte Appell enthält keine neuen Momente. Die Mahnung wirkt abgegriffen und formelhaft: Nüchternheit, Leidensaufnahme und Durchsetzung der rechten Verkündigung werden vom Leiter gefordert. Der Unterschied zum paulinischen Apostelauftrag ist augenfällig (vgl. 2. Kor. 5,18 und 3,6; 6,4; 11,23). Die Dienstzuweisung an Timotheus entbehrt der religiösen Verwurzelung im Glauben an Christus und beschränkt sich auf das moralische Verhalten, welches das Durchhalten ermöglicht. 4,17 bekennt dann Paulus, daß die Ausrichtung der Botschaft im Umfange des ihm übergebenen Auftrages erfolgte. So sieht es der Verfasser. Wie Paulus, so haben auch Timotheus und dessen Nachfolger in den Gemeinden den je ihnen zugemessenen Verkündigungsauftrag zu erfüllen und sich darin als gute Diener Christi zu erweisen (1. Tim. 4,6).

Der abschließende Hymnus, zu dem sich das Selbstbekenntnis des vor seiner Hinrichtung stehenden Apostels formt, repetiert bereits verwendete Bilder. Sie erweisen sich jetzt als Ausdrücke der Märtyrersprache (vgl. Ign. Röm. 2,2). Der Verfasser greift dabei auf Phil. 2,17 zurück, wo Paulus seinen möglichen Tod als Trankopfer versteht, bei welchem das Blut des Opfertieres an den Fuß des Altars ausgegossen wird. Die Lebenshingabe des Apostels erscheint als ein priesterliches Opfer und als Beweis für den vollkommen erfüllten Dienst am Evangelium der Kirche. Die so besiegelte Treue am Evangelium empfängt am Jüngsten Tag den verdienten Siegeskranz. Der Märtyrer wird selig gesprochen. Er stirbt in der Gewißheit des ewigen Lebens. Jesus aber hat gesagt: «Wenn ihr alles getan habt, so seid ihr unnütze Knechte gewesen» (Luk. 17,10). Für den Verfasser steht der Tod des Paulus ohne Aufschub unmittelbar bevor. Der Brief aus der Todeszelle ist letztes und heiliges

Vermächtnis, sein Martyrium Beispiel und Zusicherung für zukünftige Blutzeugen. Der Siegeskranz wird auch ihnen verheißen. Auch jene andern, um die die Kirche der Jahrhundertwende weiß, hatten ihre Liebe auf die zukünftige Erscheinung des gerechten Richters Christus Jesus gerichtet. Sie hingen nicht am vergänglichen Leben, sondern liebten das ewige, das ihnen am Tage des Gerichtes dargereicht werden wird. Als Inbegriff eines vollkommenen Gottesmannes aber erscheint Paulus. Alles, was von Timotheus erwartet und von einem verantwortlichen Gemeindeleiter gefordert wird, vereinigt sich im Leben und Sterben des in ein Idealbild verwandelten Apostels. Im Unterschied zu Phil. 2,17 stellt Paulus hier seinen Tod nicht mit der gottesdienstlichen Hingabe der ganzen Gemeinde in eins, ruft sie darum auch nicht in die gemeinsame Freude, im Dienst für Christus zu leben und zu sterben. Auch Phil. 2,16 blickt Paulus auf den Tag Christi. Dieser Ausblick aber erfüllt ihn nicht mit der ruhigen Gewißheit, den Kampf gekämpft, den Lauf vollendet und den Glauben bewahrt zu haben. Er ruft vielmehr die Philipper zur Bewährung ihres Glaubens auf, damit es sich bei der Wiederkunft erweisen kann, daß seine Arbeit nicht vergeblich war. Auch Phil. 3,12 ff. verraten keine Selbstsicherheit des Apostels. Das zu ergreifende Kleinod ist nicht identisch mit dem wohlverdienten Siegeskranz, sondern ist Bild für die sich an Paulus vollendende Berufung Gottes. Die Pastoralbriefe kennen den Philipperbrief. An unserer Stelle schlägt er durch. Nach ihr hält Paulus das Vergangene fest, Phil. 3,13 vergißt er es. Hier baut seine Gewißheit auf der eigenen Treue, die sich bewährt hat, dort auf Gottes Treue, die ihm gewährt wurde.

4,9–18 Die persönlichen Mitteilungen aus der Todeszelle

9 Beeile dich, möglichst schnell zu mir zu kommen! 10 Denn Demas hat mich aus Liebe zu dieser Welt verlassen und ist nach Thessalonich verreist. Kreszens ging nach Galatien, Titus nach Dalmatien. 11 Nur Lukas blieb bei mir. Nimm Markus auf und führe ihn mit dir, denn er erweist sich mir für den Dienst als sehr hilfreich. 12 Tychikus habe ich nach Ephesus gesandt. 13 Bring, wenn du kommst, den Mantel mit, den ich in Troas bei Karpus zurückgelassen habe, dazu die Bücher, besonders die Pergamentrollen! 14 Alexander, der Schmied, hat mir viel Schlechtes erwiesen: Der Herr vergelte es ihm nach seinen Werken! 15 Hüte dich auch du vor ihm! Denn gar sehr widerstand er unsern Worten. 16 Bei meiner ersten Verteidigung stand mir niemand zur Seite, sondern alle verließen mich. Möge es ihnen nicht angerechnet werden! 17 Der Herr aber stand mir bei und machte mich stark, damit der Predigtauftrag durch mich vollständig erfüllt würde (und) alle Heiden die Botschaft hören können. So wurde ich aus dem Rachen des Löwen errettet. 18 Der Herr wird mich aus jedem bösen Werk herausreißen und hineinretten in sein himmlisches Reich. Ihm sei Ehre in alle Ewigkeit! Amen.

Warum soll sich Timotheus beeilen und schleunigst nach Rom reisen, um den Apostel vor seiner Hinrichtung noch erreichen zu können? Warum sehnen sich beide, einander wieder zu sehen? V. 21a mahnt nochmals zur Eile. Noch vor Wintereinbruch soll Timotheus eintreffen. Die Reise von Ephesus über Troas und Mazedonien aber dauert viele Wochen. Vor der Abreise muß zudem Tychikus (V. 12) (sofern die Aoristform vom Briefempfänger aus zu verstehen ist) mit dem Märtyrerbrief des Paulus in Ephesus eingetroffen sein. Die äußerlich unmögliche Situationsschilderung wird zusammen mit den persönlichen Mitteilungen und Anordnungen des gefangenen Paulus vom Verfasser als literarisches Mittel benützt. Sie dienen ihm zur Darstellung einer ununterbrochenen Kontinuität des in seiner Kirche verkündigten Evangeliums. Mit Timotheus an der Seite des sterbenden Paulus beginnt eine lückenlose Folge von Paulusschülern, die das dem Apostel anvertraute Evangelium bis zu den von den Presbytern eingesetzten Vorstehern weitergegeben haben. Kriterium des in der Kirche zu anerkennenden Glaubens ist für den Verfasser der Nachweis einer Herkunft vom Apostelamt des Paulus. Den geforderten Traditionszusammenhang versteht er weder als einen literarischen noch im Sinn der Ämterfolge, sondern der ununterbrochenen Weitergabe des rechtgläubigen Evangeliums. Die Pastoralbriefe stehen also nicht in einem direkten, schriftlichen Zusammenhang mit den Paulusbriefen. Es geht ihnen vielmehr um eine sachliche Verknüpfung. Diese bezieht sich aber auch nicht auf eine sog. apostolische Sukzession (= lückenlose Reihenfolge der rechtgläubigen Bischöfe). Die Ordination des durch einen prophetischen Zuruf aus der Gemeinde bestimmten Leiters erfolgt nicht durch den Bischof, sondern durch das Ältestenkollegium. Was weitergegeben wird, ist nicht das priesterliche oder gar bischöfliche Amt, sondern das als paulinisch verstandene Evangelium. Diese Beauftragung mit der Verkündigung erfolgt freilich durch die Ordination in einer institutionellen Handlung. Diese vermittelt wohl eine besondere kirchenrechtliche Stellung, aber nicht zugleich eine geistliche Würde. Sie wird nicht zur Priesterweihe, sondern bleibt Laienordination und so ordnende Dienstzuweisung. Entscheidend ist ihr die ununterbrochene Weitergabe des unverfälschten Evangeliums.

Darum erteilt Paulus selbst angesichts des sicheren Martyriums seinen Mitarbeitern missionarische und pastorale Instruktionen und weist ihnen die Arbeitsfelder zu. Demas wird Philem. 24 in der Grußliste zusammen mit dem Mitgefangenen Epaphras und mit Markus, Aristarchus und Lukas lediglich erwähnt, auch Kol. 4,14 steht nur sein Name. Ihm wird Liebe zur Welt vorgeworfen. Nach Polyk. 9,2 ist dabei an Leidensscheu und Angst vor dem Martyrium zu denken. Im Gegensatz zu Demas ließen sich Kreszens nach Galatien und Titus nach Dalmatien senden. Vielleicht ist Galatien nicht die Provinz in Kleinasien, sondern das ebenfalls als Galatien bezeichnete Gallien in Südfrankreich, wie einige sekundäre Handschriften lesen. Auffälligerweise weilt Titus nicht mehr auf Kreta (vgl. Tit. 3,12), sondern in Dalmatien im Süden der Provinz Illyrikum an der Westküste Griechenlands.

Nur Lukas befindet sich bei Paulus. Nach Apg. 28,16 gelangte er mit ihm nach Rom. Nur Kol. 4,14 bezeichnet Lukas als Arzt. **V.11** aber sagt nichts über eine medizinische Betreuung, sondern betont, daß sich Lukas allein bei Paulus befindet. Dies scheint **V.16** zu widersprechen, der aussagt, daß Paulus im ersten Verhör ohne Beistand blieb und alle ihn verlassen hatten. Andererseits erwähnt die Grußliste (V. 16ff.) eine größere Anzahl von Brüdern. Vielleicht führt die Bemerkung in 1,15 weiter. Darnach hatten alle in Kleinasien Paulus verlassen. So erscheint Lukas als der einzige Vertreter dieser Gemeinden, der dem Apostel treu geblieben ist. Er, der Verfasser eines Evangeliums und der Apostelgeschichte, bekennt sich zu Paulus! So sollen nun nach der Meinung des Autors auch die hinter Lukas stehenden Gemeinden Paulus als den maßgebenden Apostel gelten lassen.

Diese Heimholung des Paulus in die rechtgläubige Kirche bezweckt auch die folgende Anweisung an Timotheus, gerade Markus zu sich zu nehmen und ihn mit sich nach Rom zu Paulus zu bringen. Nach Apg. 15,37 war es zum Bruch des Apostels mit Markus gekommen, der darauf mit Barnabas nach Cypern ging. Späterer Überlieferung zufolge aber befand sich Markus ebenfalls in Rom, wo er sich Petrus angeschlossen haben soll. 1. Petr. 5,13 erscheint er als «Sohn» des Petrus und nach dem Zeugnis des Papias von Hierapolis (Eusebius, Kirchengeschichte III 39,15) wirkte er als Dolmetscher des Petrus. Wenn nun der Paulus der Pastoralbriefe diesen Markus zu sich nach Rom rufen läßt und dabei bekundet, daß ihm Markus für die Ausbreitung des Evangeliums nützlich sei, dann soll nicht nur die lukanische, sondern auch die petrinische Christenheit für die Anerkennung des paulinischen Apostolates gewonnen werden. Gerade der Petrusschüler wird vom sterbenden Apostel für den Missionsdienst vorgemerkt, den er für die Zeit nach seinem Martyrium organisiert.

Bis zum letzten Atemzug ist Paulus damit beschäftigt, seinen Auftrag zu erfüllen. So benützt er die verbleibende Zeit zur Aussendung seiner Schüler und Mitarbeiter, damit diese nach seinem Tode sein Evangelium in neue Gebiete tragen, die er selber nicht mehr erreichen konnte: Kreszens nach Südfrankreich, Titus, nach Tit. 3,12 von Kreta zurückgekehrt, nach Dalmatien und Tychikus (V.12) als Nachfolger des Timotheus nach Ephesus. Erastus (V. 20), nach Apg. 19,22 einst von Ephesus aus mit Timotheus nach Makedonien hinaufgesandt, soll jetzt in Korinth weiterwirken, wo er nach der Notiz in Röm. 16,23 hingehört und im Finanzamt der Stadt eine hohe Stellung innehat. Aber auch in Milet und in Troas hat der Apostel seine Leute: In Milet den damals auf der Reise krank zurückgelassenen und inzwischen sicher wieder einsatzfähig gewordenen Trophimus (vgl. Apg. 20,4; 21,29); in Troas Karpus, bei dem Timotheus den zurückgelassenen Reisemantel und die dort deponierten Papyrushefte und Pergamente abholen und mit nach Rom mitbringen soll.

Warum kümmert sich Paulus um Mantel und Papier? Für den Verfasser ist der Reisemantel Symbol des Apostelamtes, das der sterbende Paulus an seine Nachfolger weitergibt. Und wie ein Jahrzehnt später Ignatius noch auf seiner Märtyrerreise nach Rom seine Briefe schrieb, so läßt auch hier der Verfasser seinen Märtyrer bis zuletzt mit der Abfassung pastoraler Instruktionen beschäftigt sein. Die Unterscheidung zwischen Papyrusheften und Pergamenten erlaubt vielleicht einen Hinweis auf 3,15f., wo von Heiligen Schriften und bestimmten Schreiben die Rede ist. Apostolische Kirchenschreiben und die griechische Bibel gehören als Ausweis der Rechtgläubigkeit in die Obhut des Apostels und seiner bischöflichen Nachfolger. Für die Kirche der Jahrhundertwende ist der Besitz und die sorgfältige Aufbewahrung einer Sammlung von maßgeblichen apostolischen Schriften nötig für das Ansehen und die damit verbundene Autorität einer kompetenten Kirchenleitung. So bringt nach der Vorstellung unseres Verfassers Paulus vor seinem Martyrium seinen apostolischen Auftrag zur vollständigen Erfüllung, indem er gleichsam als erster Bischof von Rom die Heiligen Schriften der Kirche aus dem abgefallenen Kleinasien nach Rom überführen und von hier aus neue Hirtenschreiben ergehen läßt, die Gemeinden regiert und die Ausbreitung des Glaubens organisiert. Wird dabei offensichtlich, daß auch eine Sammlung von Paulusbriefen ins bischöfliche Archiv zu Rom gehört?

Zur Wahrnehmung einer «bischöflichen» Apostelvollmacht gehört auch der Vollzug der kirchlichen Rechtssprechung. Nach 1. Tim. 1,20 hatte Paulus Alexander zusammen mit Hymenäus wegen Ketzerei bereits dem Satan zur Züchtigung übergeben, d. h. aus der Kirche ausgeschlossen. Wie Hymenäus und Philetus (2. Tim. 2,17f.) ließ sich aber auch Alexander dadurch nicht von seiner Wühlarbeit abhalten und agierte weiter gegen die rechtmäßige Verkündigung. Aber der Herr wird es ihm im Jüngsten Gericht vergelten! Das Paulus in den Mund gelegte Zitat aus Ps. 61 (62), 13 b (vgl. Ps. 27 (28),4; Spr. 24,12; Röm. 2,6; 2. Kor. 11,15) ist nicht im Sinne von

Röm. 12,19 als Verzicht auf eigenes Richten und als eine Anheimstellung der Verurteilung an den Herrn zu verstehen, sondern vielmehr als Bestätigung des bereits vollzogenen Ausschlusses, an den sich auch der gerechte Richter am letzten Tag zu halten hat. Die Beschäftigung mit der widersprechenden Verkündigung des exkommunizierten Ketzers und jeder Umgang mit ihm selber bleibt untersagt. Die Formulierung in **V. 15**, die von «unsern Worten» spricht, weist auf eine institutionalisierte und lehrmäßig festgelegte Verkündigung. Die Warnung trägt unbedingten Charakter und ist nicht nur als besorgte Empfehlung zu verstehen.

Mit dem **V. 16** erscheinenden Begriff der Apologie wird nicht auf das ganze Prozeßverfahren verwiesen, sondern auf eine zum Prozeß gehörende Vernehmlassung, welche auch dem Angeklagten das Recht zur Verteidigung zubilligte. Auch nach Apg. 25,16 erhält der Angeklagte nach römischem Recht Gelegenheit, sich gegen die Anschuldigung zu verteidigen. Im Unterschied zu Phil. 1,7 (vgl. Apg. 26,24) wird hier mit der Verteidigung aber nicht die Bezeugung des Evangeliums, sondern die Abweisung der persönlichen Beschuldigung (vgl. Apg. 24,10; 25,8; 26,1) gemeint sein. Paulus erwähnt, daß ihm niemand zur Seite stand, sondern ihn alle verlassen hatten. Dies muß in unserem Zusammenhang nicht als Anklage gegen die Treulosigkeit und die Leidensscheu seiner Gefolgsleute in Kleinasien oder der dann unten in der Grußliste aufgezählten Gläubigen der römischen Gemeinde verstanden werden. Darum soll ihnen nichts angerechnet werden. Einer dadurch entstehenden Widersprüchlichkeit wäre sich der Verfasser bewußt geworden. Sie darf nicht vorschnell dem blinden Eifer zugemessen werden, in dem er um seiner verfolgten Absicht willen die Fiktion seiner Schreiben nicht konsequent durchzuhalten im Stande gewesen wäre. Paulus braucht vielmehr gar keine menschliche Hilfe, weil der Herr ihm beisteht und alles nach Gottes Ratschluß und Willen abläuft. Nicht die gläubige Erfahrung des allein auf seinen Herrn hoffenden (vgl. aber 1. Tim. 5,5) Apostels, sondern die unaufhaltbare Durchsetzung des Evangeliums wird ausgesagt. Weder die Beschwernis der Todeshaft noch das sich dann vollziehende Martyrium vermögen dem von Gott beschlossenen siegreichen Lauf des Evangeliums Einhalt zu bieten. So stärkt der Herr seinen Apostel, damit er seinen Auftrag vollständig erfüllen kann. Eine erste Verteidigung verschafft den nötigen Aufschub der Hinrichtung, welche die letzten Instruktionen an die bereits zum Weiterwirken ausgesandten Nachfolger des Apostels erlauben.

So ist gewährleistet, daß die Botschaft trotz der Gefangenschaft alle Heiden erreicht und weiterhin erreichen wird. Paulus wurde aus dem Rachen des Löwen errettet und konnte seinen Auftrag vollständig erfüllen. Schon 2. Tim. 3,11 wurde auf die Errettung durch den Herrn verwiesen. Das Motiv stammt aus der Gebetssprache des verfolgten Frommen (Ps. 7,2f.; 21 (22),22; 34(35),17; 90(91),13; Ps. Sal. 13,3). In **V. 18** wird die Errettung aus dem Löwenrachen zum Motiv der Märtyrersprache. Der Tod wird zum Durchgang in das himmlische Reich, in das der Herr den Apostel nach dem Gericht hineinretten und ihn so aus den irdischen Leiden erlösen wird (vgl. 2. Kor. 1,10 dieselbe Gegenüberstellung von Perfekt und Futur). Eine Anspielung auf Nero oder auf den Teufel darf aus dem Bild des Löwenrachens nicht herausgelesen werden. Nero wurde nicht als Löwe bezeichnet und 1. Petr. 5,8 verwendet in einer Mahnung den Vergleich mit dem Löwen in anderer Weise. Der Verfasser versteht das Bild als Befreiung aus «jedem bösen Werk». Dieses steht dem «guten Werk» gegenüber, mit dem er immer wieder die aus der Kraft des rechten Glaubens gewirkte Frömmigkeit des Gläubigen meint. Das böse Werk ist das, was aus einem heuchlerischen Glauben und aus einer falschen Verkündigung hervorgeht, die Sünden, Laster und Leidenschaften der Irrlehrer und die Zerstörung und Verfolgung des Evangeliums, die aus dieser moralischen Verderbtheit heraus erfolgen. Diese Bedrängnisse werden in den Pastoralbriefen lediglich traditionell als Endzeitnöte verstanden (1. Tim. 4,1 ff.; 2. Tim. 3,1 ff.). Der Märtyrerapostel entgeht ihnen durch den Tod. In das sich noch im Himmel befindliche Reich des Herrn wird er nach dem Gerichtstag gelangen (vgl. aber Phil. 1,23; Kol. 1,13; Luk. 23,43). Durch Wiederholung und den Gleichlaut des Ausdrucks werden die Sätze rhythmisch und durch die Wahl liturgischer Begriffe feierlich. Entsprechend seiner wiederholt gepflegten Stilart schließt der Autor seine letzte Ausführung wieder mit einem Lobpreis. Wird die Herkunft aus der Gebetssprache des verfolgten Frommen und der gottesdienstliche Klang der Formulierung erkannt, dann drängt sich die Vermutung einer Aufnahme des Herrengebetes nicht auf.

4,19-22   Schlußgrüße und Segen

19 Grüße Priska und Aquila und die Familie des Onesiphorus. 20 Erastus blieb in Korinth. Trophimus habe ich krank in Milet zurückgelassen. 21 Beeile dich, vor dem Winter zu kommen. Es grüßen dich Eubulus, Pudens, Linus, Klaudia und alle Brüder. 22 Der Herr sei mit deinem Geiste. Die Gnade bleibe bei euch.

Die Grußbestellung an Priska (in der Apostelgeschichte Priskilla genannt) und ihren Mann Aquila ergeht an das judenchristliche, infolge des Judenedikts des Kaisers Claudius um 50 aus Rom nach Korinth gezogene Ehepaar. Nach Apg. 18,1 ff. fand Paulus in ihrer Zeltmacherei Arbeit und Unterkunft und nahm sie dann bei seiner Weiterreise nach Ephesus mit (Apg. 18,18 f.). Von ihnen und ihrer Hausgemeinde sendet Paulus 1. Kor. 16,19 Grüße nach Korinth. In dem dem Römerbrief beigegebenen Empfehlungsbrief für Phöbe in Kenchreä grüßt Paulus Priska und Aquila, die wieder in Rom gedacht sind (Röm. 16,3-5). Der Autor des 2. Timotheusbriefes nimmt davon keine Kenntnis, sondern denkt sich das Paar noch in Ephesus.
Die V. 20 eingeschobene Mitteilung über den Aufenthaltsort von Erastus und Trophimus wirkt wie ein Nachtrag zu den Angaben in V. 11 und betont nochmals, daß Paulus trotz des Abfalls in der kleinasiatischen Christenheit die Regie auch über dieses Kirchengebiet nicht aus den Händen gelassen hat. Weil die Schiffahrt in den Wintermonaten im offenen Meere eingestellt ist, darf Timotheus mit seiner Abreise nach Rom nicht säumen. Er gehört so schnell als möglich in die Kapitale, wo er in unmittelbarer Nachfolge des Märtyrers das Werk des Apostels zu übernehmen und weiterzuführen hat. Die ganze römische Gemeinde wird ihn mit offenen Armen empfangen. Denn alle Brüder, unter ihnen besonders Eubulus, Pudens und Linus, und auch eine Frau namens Klaudia warten darauf, daß er die apostolische Führung der Christenheit im Namen des Paulus übernimmt. Wenn die Angabe bei Eusebius (Kirchengeschichte III 2,1; III 4,8; V 6,1) zutrifft, nach der Linus die Nachfolge des Petrus übernommen hatte, dann erwähnt der Verfasser mit den uns sonst unbekannten Namen weitere führende Persönlichkeiten der sich auf das petrinische Apostolat berufenden Gemeinde, die nun bereit geworden ist, in Zukunft Rom als ein Zentrum einer weltweiten Kirche zu anerkennen, welche die ganze Christenheit auf dem Fundament des Petrus und des Paulus einigt.
Auffällig ist der Schlußwunsch. Er besteht aus zwei verschiedenen Segenspendeformeln. Sie gehen deutlich auf die paulinische Formulierung zurück, wie sie sich Gal.

6,18; Phil. 4,23 und Philem. 25 findet. Die Formulierung des Paulus lautet: «Die Gnade des (unseres) Herrn Jesus Christus (sei) mit eurem Geiste!» Der erste Wunsch vergewissert Timotheus der persönlichen und bleibenden Gegenwart des Herrn. Nach 1,7 ist es der Geist der Kraft, Liebe und Zucht, nicht der Verzagtheit, der in Timotheus ruht, der Heilige Geist, der in ihm wohnt (1,14). Dieser Geist ist also die Ausrüstung des Timotheus zur getreuen Führung des ihm aufgetragenen Amtes. Nach 2,7 wird der Herr selber in allen Dingen das nötige Verständnis geben. So schließt der Segenswunsch nochmals die Sorge und die Verheißung des apostolischen Amtes in sich, die den ganzen Brief bestimmen. Die zweite Formulierung setzt den Begriff der Gnade separat, weil ihn nun ein hellenistisches Verständnis prägt, nach welchem nicht nur Timotheus, sondern alle Leser und Hörer des Hirtenschreibens der Huld und Güte des in seinem himmlischen Reich thronenden Herrn empfohlen werden (V. 18).

Der Brief an Titus

1,1-4 Die apostolische Zuschrift

1 Paulus, ein Diener Gottes und Apostel Jesu Christi nach dem Glauben der Auserwählten Gottes und nach der Erkenntnis der Wahrheit gemäß der Frömmigkeit 2 im Blick auf die Hoffnung des ewigen Lebens, das der Gott ohne Lüge vor ewigen Zeiten verheißen hat. 3 Denn zu seinen besonderen Zeiten hat er sein Wort in der Verkündigung offenbart, mit der ich im Auftrag Gottes, unseres Erretters, betraut worden bin. 4 An Titus, sein, dem gemeinsamen Glauben nach geschätztes Kind. Gnade und Friede von Gott, dem Vater, und von Christus Jesus, unserem Erretter.

Der Ausdruck «Diener Gottes» stammt aus der griechischen Bibel der hellenistischen Synagoge (2. Sam. 7,5. 8; Ps. 77 (78),70; 88 (89),4. 21; 104 (105),26. 42; Jer. 7,25; 25,4; Am. 3,7; Hagg. 2,23; Sach. 1,6. Vgl. Luk. 2,29; Apg. 4,29; 16,17). Dazu verbindet er sich wie in der Johannesoffenbarung (Offb. 1,1; 7,3; 10,7; 11,18; 15,3; 22,6) mit dem Gedanken der Offenbarung eines geheimen Ratschlusses Gottes. Der Diener Gottes ist Offenbarungsträger. Paulus bezeichnet sich Röm. 1,1; Phil. 1,1 nicht als Diener Gottes, sondern als Diener Jesu Christi. Dabei betont er seine Übereignung an Christus, die Unterwerfung unter seine Herrschaft und die Verpflichtung zum absoluten Gehorsam. Ähnlich nennt 2. Petr. 1,1 Petrus einen Knecht und Apostel Jesu Christi (vgl. auch Jak. 1,1). Hier Tit. 1,1 aber erscheint Paulus als ein Diener Gottes im Sinne des Alten Testaments, der nun als der Apostel Jesu Christi den Heilsratschluß Gottes verkündigt und so die Funktion eines Gottesmannes erfüllt. In überreicher Aufreihung folgen **V. 1b** Ausdrücke aus der kirchlichen Unterrichts- und Predigtsprache (vgl. 1. Tim. 2,4; 2. Tim. 2,25; 3,7; Hebr. 10, 26; Kol. 1,9f.; 2,2) und bezeichnen die von Paulus vertretene Botschaft als die rechtgläubige Verkündigung. Paulus vertritt «den Glauben der Erwählten Gottes», der «der Erkenntnis der Wahrheit» entspricht. Weder auf der Erwähnung der Erwählten, noch auf der Formulierung des Glaubens als Erkenntnis der Wahrheit liegt eine besondere Betonung. Vielmehr wird unterstrichen, daß Paulus mit der vertretenen kirchlichen Glaubenslehre übereinstimmt, seine Verkündigung die Pflege der Frömmigkeit fördert und der Erwerbung des ewigen Lebens dient.

Der **V. 2b** und **3a** umfassende Relativsatz formuliert den Inhalt der Botschaft wieder im Schema der griechischen Erscheinungsvorstellung. Die vor Urzeiten (vgl. Röm. 16,25) von Gott beschlossene Heilsgabe besteht in der Verleihung des ewigen Lebens. Es ist zu beachten, daß die Verheißung bereits vor aller Zeit erfolgte und daß nichts darüber gesagt wird, an wen die Verheißung erfolgte. Diese Formulierungen erlauben darum keine Verbindung mit einem heilsgeschichtlichen Offenbarungsdenken, etwa im Schema von prophetischer Schriftverheißung und messianischer Erfüllung. Ewig wie Gott selber ist auch sein Heilsratschluß, den er jenseits aller Welt und Zeit bei sich selbst beschlossen hat. Der Entschluß ist von ewiger Gültigkeit. Gott ist ohne Lug und Trug. Sein Beschluß bleibt darum unveränderliche Verheißung und gehört zum unveränderlich gedachten Wesen Gottes, zum unvergänglichen Sein seiner Gottheit. Ratschluß und Verheißung gehören zur übergeschichtlichen, ideellen Wahrheit, die Gott selber ist. Darum kann auch hier nicht ausgesagt werden, daß das ewige Leben in Christus geschichtlich gegenwärtig geworden wäre. Das verheißene Heil bleibt eine übergeschichtliche und ewige Hoffnung. Wohl wissen 1. Tim. 2,5 f. und 3,16, daß mit Christus das Evangelium erschienen ist. Aber diese Erscheinung verstehen die Briefe nicht als Heilsverwirklichung, sondern als Beginn der Heilsverkündigung. Sie erfolgte und erfolgt zu den von Gott selber festgelegten Zeiten (vgl. Apg. 1,7). Der Plural weist nicht auf einen einzelnen Zeitpunkt, sondern auf eine ganze Reihe, auf eine andauernde Offenbarungszeit, in welcher nicht das Heil selber, sondern seine Verkündigung immer wieder geschichtliche Gegenwart und Wirklichkeit wird. In der Verkündigung des Apostels Paulus wird das in Christus erschienene Evangelium, die in Christus Mensch gewordene Heilszusage Gottes, weitergegeben. Mit ihr wurde Paulus beauftragt. Durch die Weitergabe des Verkündigungsauftrages (griechisch «Kerygma») an Timotheus und von diesem an die Beauftragten der Gemeinden findet das «Wort Gottes» (V. 3) den Weg in die Geschichte der spätern Zeiten. Dadurch erhält die kirchliche Predigt Offenbarungscharakter. Sie offenbart die eingetretene Erscheinung des göttlichen Heilsratschlusses. So wird mit Hilfe der «Epiphanie» vorstellung das überlieferte Evangelium hellenisiert und in das System einer Heilslehre eingebracht, die nun als religiöse Wahrheit verkündigt und gläubig angenommen werden kann. Der christliche Glaube zerfällt jetzt einerseits in eine Erlösungslehre und andererseits in eine moralische Belehrung. Die Lehre fordert die intellektuelle Zustimmung zu einem göttlichen Heilsplan, die Ethik die moralische Umsetzung in ein frommes Leben.

V. 4 bezeichnet Titus als legitimes Kind des Paulus. Deutlicher als 1. Tim. 1,2 bezieht sich das mehrdeutige Adjektiv auf den orthodoxen Glauben der Kirche. Titus ist das echte und von Paulus hochgeschätzte Kind des Apostels, weil er mit ihm den in der Christenheit allgemein anerkannten Glauben teilt. Wie in V. 1 wird damit nochmals auf die kirchliche Legitimität, auf die Rechtgläubigkeit des Glaubens verwiesen. Weder das Lehrer/Schüler-Verhältnis noch das Vater/Sohn-Verhältnis zwischen Paulus und Titus sollen besonders hervorgehoben werden. Die Anschrift an Titus vereinnahmt diesen nicht für eine «Paulusschule» und betont nicht, daß Titus durch Paulus zum christlichen Glauben gelangt ist.

Die Segensformel zeigt annähernd die zweigliedrige Form der echten Paulusbriefe (vgl. «Gnade und Friede von Gott, unserem Vater, und dem Herrn Jesus Christus» Röm. 1,7; 1. Kor. 1,3; 2. Kor. 1,2; Phil. 1,2; Philem. 3). Im Unterschied zu Paulus erscheint das Possessivpronomen bei Christus, der nicht als Herr, sondern wie in V. 3 Gott selber als «unser Erretter» bezeichnet wird. Dies deutet auf die Einbeziehung des Christusnamens in die Erlösungslehre und somit wie die Umstellung des traditionellen und liturgischen Doppelnamens «Jesus Christus» (V. 1) auf die Hand des Verfassers. Auch Tit. 2,13; 3,6; 2. Tim. 1,10 (vgl. Phil. 3,20; Eph. 5,23) nennen Christus einen Erretter. Das griech. Wort «Soter» bedeutet auch Erlöser, Heiland, Heilbringer und gehört zur Offenbarungssprache des Hellenismus. Es bezeichnet nicht eine besondere Würdestellung oder das göttliche Sein, sondern eine Heilsfunktion, die ein Gott oder ein Mensch ausübt.

1,5-9 Die Einsetzung von Gemeindebischöfen

5 Ich habe dich auf Kreta zurückgelassen, damit du, was noch fehlt, in Ordnung bringst und in jeder Stadt Älteste einsetzest, wie ich es dir aufgetragen habe. 6 Als Bedingung gilt, daß einer unbescholten ist, in einer Einehe lebt und gläubige Kinder hat, auf die

nicht der Vorwurf der Liederlichkeit fällt oder die ungehorsam sind. **7** Denn der Bischof muß als ein Haushalter Gottes ohne Tadel sein: Nicht eigenmächtig, nicht aufbrausend, nicht trunksüchtig, nicht gewalttätig, nicht habgierig, **8** sondern gastfreundlich, wohlgesinnt, maßvoll, rechtschaffen, geheiligt, beherrscht, **9** einer, der an einer im Blick auf die Lehre verläßlichen Verkündigung festhält, damit er mit Hilfe einer gesunden Lehre zu ermahnen vermag und die Widersprechenden zurechtweisen kann.

Titus wird in der Apostelgeschichte nicht erwähnt. Paulus aber nennt ihn mehrmals in seiner Korrespondenz mit Korinth, so im Versöhnungsbrief (2. Kor. 2,13; 7,6.13. 14) und im Kollektenbrief (2. Kor. 8,6.16.23). Nach Gal. 2,1.3 nahm ihn Paulus zusammen mit Barnabas mit nach Jerusalem. Ausdrücklich hält er fest, daß Titus als Heidenchrist nicht beschnitten wurde. Als es in Korinth zu beleidigenden Auseinandersetzungen und zur Aberkennung der apostolischen Autorität des Paulus gekommen war, sandte Paulus nach seinem mißlungenen Zwischenbesuch Titus mit dem Tränenbrief (2. Kor. 2,3 f.) von Ephesus in die aufgewühlte Gemeinde. Es gelang Titus, die Korinther wieder mit Paulus zu versöhnen. Das Vertrauen, das Paulus und die Gemeinde in Korinth Titus entgegenbrachten, war so groß, daß Paulus ihm das schwierige Geschäft einer Geldsammlung für die Gläubigen in Jerusalem übergeben konnte (2. Kor. 8,6.16 f.).

Dieses positive Bild, das Paulus von Titus erkennen läßt, erlaubte die Verwendung des tüchtigen Apostelschülers als Typus für einen apostolisch beauftragten Oberhirten, der in einem noch nicht genügend organisierten Kirchengebiet für eine bischöfliche Ordnung zu sorgen hat. Solange wir ohne historische Nachrichten über christliche Gemeinden in Kreta bleiben, ist die Annahme erlaubt, daß unser Schreiben nicht geschichtliche Kenntnisse aufgreift, sondern in freier Phantasie ein Bild ausmalt, welches eine anschauliche Darlegung und Durchsetzung der Anliegen erlaubt. Nach diesem Bild hat Paulus seinen vertrauten Schüler Titus nach einer Zeit gemeinsamen missionarischen und gemeindegründenden Wirkens auf der Insel Kreta zurückgelassen und beauftragt ihn nun auf der Hinreise nach Nikopolis in Epirus (Tit. 3,12), von Stadt zu Stadt Presbyter einzusetzen. Abgesehen davon, daß nur die lukanische Darstellung das aus der hellenistischen Synagoge übernommene Gemeindeamt eines Presbyters kennt (Apg. 14,23; 20,17), wird auch sonst der technische und konstruierte Charakter der Anordnung spürbar. Sie erweckt die Vorstellung eines vollständig christianisierten und städtereichen Gebietes, das nun einer bischöflichen Verwaltung und Organisation unterstellt werden soll. Weder der Presbyter- noch der Bischofstitel werden erklärt, sondern als bekannt vorausgesetzt. Die Betonung liegt vielmehr auf der Einsetzung in den einzelnen Städten, auf der apostolischen, sich auf Paulus berufenden Autorität und Legitimität dieser Einsetzung und auf den charakterlichen Fähigkeiten, die ein kirchenleitender Presbyter aufzuweisen hat. Titus soll nach der Vorstellung des Briefes das, was noch zu tun bleibt, vollenden. Der dabei verwendete Ausdruck enthält nicht nur das Moment des Ordnens, sondern meint darüber hinaus das vollständige und abschließende Ordnen. Hebr. 9,10 spricht von der richtigen kultischen Ordnung, 1. Clem. 21,6 davon, daß die Frauen auf den rechten Weg gebracht und zum Guten angehalten werden müssen. Nach der vorausgesetzten, in die Missionstätigkeit des Paulus zurückgedachten Situation soll Titus durch Einsetzung von leitenden Presbytern in den Stadtgemeinden ein ganzes, von Paulus durchmissioniertes Gebiet einer einheitlichen, von den urbanen Zentren aus organisierten Kirchenordnung und -verwaltung unterwerfen. Die angenommene Situation verbietet eine Rückfrage nach möglichen Christengemeinden auf dem Lande und erlaubt keine Auskunft über eine paulinische Reiseroute. Nach dem boshaften Ausspruch, den der Verfasser Tit. 1,12 zitiert, ist er kaum der Meinung, daß die Insel für Paulus ein fruchtbares Tätigkeitsfeld gewesen ist. Seine Fiktion ist vielmehr als Modell zu verstehen, an welchem er darlegen kann, wie die bischöfliche Organisation einer Region durch die Einsetzung von leitenden Presbytern in den Stadtgemeinden erfolgen soll. Diese Einsetzung muß auf legitime Art geschehen. Darum unterstreicht der Verfasser, daß Paulus Titus den entsprechenden Auftrag erteilt habe. Ein Blick auf 3. Joh. 9–10 belehrt darüber, daß es in einzelnen Gemeinden leitende Presbyter gab, deren Führungsanspruch aberkannt wurde: Der Presbyter polemisiert gegen einen Diotrephes. Für die Pastoralbriefe muß die kirchenrechtlich gültige Installation durch «Apostelschüler», d. h. durch Presbyter, die sich auf eine apostolische Herkunft von Paulus berufen, erfolgen. Nach dem 1. Klemensbrief bekämpften sich in Korinth die Presbyter und sprachen sich gegenseitig ihre Legitimität ab.

Gegen ähnliche Mißstände kämpft unser Schreiben und formuliert dazu die Kriterien. Nicht irgendwelche, sondern Presbyter, die den apostolischen Normen des «Paulus» genügen, sind zu wählen. Dazu kommt die moralische Qualifikation. Wie der Bischofs- und der Diakonenspiegel in 1. Tim. 3,1ff. erkennen lassen, entsprechen die geforderten und die getadelten Eigenschaften ähnlichen Aufreihungen in antiken Amts- und Berufsspiegeln. In ihnen geht es um persönliche Unbescholtenheit und den guten Ruf eines Berufsstandes oder Amtes. Hier sind es vor allem häusliche Tugenden, die in der 1. Tim. 3,2ff.; 8ff. vorliegenden Liste teils vom Bischof und teils vom Diakon erwartet werden. Einehe und fromme Kinder werden **V. 6** vom Presbyter erwartet, Gewalttätigkeit, Trunksucht, Geldgier u. a. ebenfalls dem Bischof verboten, bzw. Gastfreundschaft, Verständigkeit u. a. von ihm gefordert. Beachtet man, daß die Einehe auch im Diakonenspiegel genannt wird und die daselbst genannte Gewinnsucht sich in Tit. 1,7 beim Bischof findet, dann wird deutlich, daß die einzelnen Laster bzw. Tugenden nicht auf verschiedene Ränge verteilt werden. Die nach traditionellem Muster zusammengestellten Standes- und Beamtentugenden verfolgen einen anderen Zweck.

Die Aussage zielt auf **V. 7**, wo der Bischof als Hausverwalter Gottes bezeichnet wird. Schon 1. Tim. 1,4 war von der von Gott anvertrauten Haushalterschaft die Rede. Sie durchzieht als Motiv alle drei Briefe. Entsprechend wird die Kirche als das Haus Gottes verstanden (1. Tim. 3,15; 2. Tim. 2,19–21). So zielt die visierte Häuslichkeit nicht auf bürgerliche Bravheit und Pflichterfüllung, sondern auf getreue Verwaltung des anvertrauten Glaubensgutes und auf eine einheitliche und anerkannte Ordnung der kirchlichen Gemeinschaft. Analog zu 2. Tim. 2,2 geht es um die Übergabe des Evangeliums an zuverlässige und fähige Gemeindebeamte, welche sowohl über die persönlichen Führungsqualitäten verfügen als auch der Rechtgläubigkeit verpflichtet und zu deren Durchsetzung gegen die Irrlehrer imstande sind. Presbyter und Bischof sind identisch. Mit der Bischofsbezeichnung wird nicht eine höhere Rangordnung, sondern die spezielle Funktion der verantwortlichen Kirchenleitung ausgedrückt. So wollen die Sätze den leitenden Presbyter unter die apostolische Norm zurückrufen und ihn einer gültigen Ordnung und einer einheitlichen Lehre und Verkündigung unterstellen. In **V. 9**, der schon auf die Ketzerpolemik von V. 10ff. hinüberblickt, wird diese Ausrichtung des Bischofsspiegels deutlich zum Ausdruck gebracht: Festhalten an der in Bezug auf den Lehrgehalt verläßlichen Verkündigung, damit der Bischof so fähig wird, die Gemeinde in der rechten Lehrauffassung zu unterweisen und die widersprechenden Gegner zu überführen.

1,10–16 Die Widerlegung der Irrlehrer

10 Denn es sind viele undisziplinierte Schwätzer und Verführer, besonders Leute aus der Beschneidung, 11 denen man den Mund stopfen muß. Aus schändlicher Gewinnsucht stellen sie mit ihren ungehörigen Lehren ganze Häuser auf den Kopf. 12 Es sprach einer von ihnen, ihr eigener Prophet: «Immerfort lügen die Kreter, sind Bestien, müßige Bäuche.» 13 Dieser Ausspruch stimmt tatsächlich. Weise sie darum eindringlich zurecht, damit sie im Glauben gesunden 14 und nicht weiter an jüdischen Lehrmeinungen und an Vorschriften von Menschen festhalten, die sich von der Wahrheit abwenden. 15 Den Reinen ist alles rein! Den Befleckten und Ungläubigen aber ist nichts rein, sondern beides, ihr Verstand und ihr Gewissen sind befleckt. 16 Sie behaupten Gott zu kennen, aber in ihren Werken verleugnen sie ihn. Abscheulich sind sie, ohne jeden Gehorsam und zu keinem guten Werk brauchbar.

Viele halten sich nicht an die Glaubenslehre und an die moralische Belehrung der Kirche, welche der leitende Presbyter als festen Bestand von geprägten Sätzen weiterzugeben und gegen die Irrlehrer durchzusetzen hat. Der recht hart formulierte Ausfall gegen die irrgläubigen Umtriebe verrät den Ernst der Situation, aber auch die Entschlossenheit der Kirche, Ordnung zu schaffen. Die gegnerischen Lehrer aber wollen auf ihre wilde Verkündigung nicht verzichten. Sie widersetzen sich der angestrebten Ordnung. Sie werden kurzum als Schwätzer und Verführer angeprangert. Die Kirche der Jahrhundertwende bemüht sich nicht um Gespräche mit ihren äußeren und inneren Feinden, um etwa aus dem von ihnen vertretenen Tiefsinn die eigene Erkenntnis zu mehren, sondern sie weist die fremde Spekulation in scharfer Polemik zurück. Diese Kirche sucht nicht nach der Wahrheit, sondern kommt von ihr her. Ihre Wahrheit ist nicht intellektuelle Erkenntnis, sondern das gläubig anzunehmende Evangelium von der im Leben und Sterben des Christus Jesus ergangenen Heilsverheißung Gottes. Dieses steht nicht zur Diskussion, sondern kann nur angenommen oder abgelehnt werden. Als neu formuliertes und als rechtgläubig erklärtes Evangelium vermag sich die überlieferte Botschaft trotz ihrer Übersetzung in den Verstehenshorizont der hellenistischen Religiosität zu bewahren. Den vielen Erlösungslehren stellt die Kirche die Verkündigung des göttlichen Heilswillens, wie er sich in Christus offenbarte, entgegen. Es geht ihr aber um eine theologische Aussage: Gott selber ist der universale Erlöser. Die überlieferten Aussagen über Christus werden jetzt in eine Lehre über Gott zurückgenommen. Die zur Zeit des Paulus noch notwendige Klärung der messianischen Frage im Ineinander der juden- und heidenchristlichen Gemeinden verlor ihre Bedeutung in der Auseinandersetzung der heidenchristlichen Kultgemeinden mit der gebildeten Welt des römischen Reiches.
In **V. 10** überrascht freilich der maßlose Ausfall gegen eine Irrlehre, die als jüdische apostrophiert wird. Die polemische Verurteilung bedeutet aber nicht, daß die Irrlehrer als Missionare einer jüdischen Propaganda verstanden werden müßten. Die Falschlehrer erscheinen sonst nicht als eingedrungene Juden, sondern als zur Gemeinde gehörende Christen. Jeder Bezug auf das jüdische Gesetzesverständnis fehlt. Handelte es sich aber um Judenchristen, dann dürfte eine Bezugnahme auf den alttestamentlichen Heilsweg nicht unterbleiben. Die zahlreichen Bezüge auf das Alte Testament zeigen wohl eine in der Kirche geübte und hochgeschätzte Schriftgelehrtheit, verraten aber keine sich absetzende Auseinandersetzung mit einem jüdischen oder judenchristlichen Schriftgebrauch. Vgl. dazu die Hinweise auf den Sündenfall

der Eva 1. Tim. 2,14; auf den Schöpfergott und seine gute Schöpfung 1. Tim. 4,4; ferner: 5,18f.; 2. Tim. 2,19; 4,17; Tit. 2,14. Diese positiven Aufnahmen beweisen, daß die griechische Bibel und ihr Schriftgebrauch in der jüdischen Diaspora zum selbstverständlichen Besitz der Kirche geworden sind. Die Problematik einer heilsgeschichtlichen Kontinuität oder auch eines Bruches mit dem Alten Testament oder mit dem jüdischen Volk als dem Heilsvolk Gottes steigt nicht mehr ins Bewußtsein dieser Kirche, noch bestimmt sie irgendwie ihre theologische Reflexion. Mit ihrem universalen Heilsgott wird die Kirche ausschließliche Besitzerin der Wahrheit und das Christentum zur einzigen wahren Religion. Juden- und Heidentum (vgl. V.15 «Ungläubige») sind Feindreligionen, und «Jude» und «Heide» gelten als Schimpfworte, mit welchen die sektiererischen Elemente in der Kirche verächtlich gemacht werden. Die von ihren Hörern bezahlte Winkelpredigt wird als religiöses Geschäft verdächtigt, und die wilden Prediger werden als notorische Lügner, Ungeheuer (vgl. Ign. Eph. 7,1) und Faulpelze diffamiert. Wenn dabei ein auf einen Spottvers (einen Hexameter) eines sonst unbekannten Kreters Epimenides aus dem 6. Jahrh. verwiesen wird, dann schlägt hier die rhetorische Kunst des gebildeten Verfassers in eine jeder Kontrolle entzogene feindselige Polemik um. Sie wird ihm freilich nicht bewußt, denn mitten im gleichen Abschnitt beschwört er wieder die reine Gesinnung und das gute Gewissen als Norm, an welcher die Irrlehrer und ihre Verkündigung zu messen sind. Die Aufnahme polemischer Muster dokumentiert wieder den literarischen Charakter der Pastoralbriefe. Darum muß man sich hüten, aus diesen in polemischem Stil hingeworfenen Sätzen auf historische Daten zu schließen. Einen Beweis für judenchristliche oder judaistische Umtriebe in der Gemeinde, noch gar für eine Propaganda jüdischer Gnostiker vermögen die Hinweise auf Beschneidung, jüdische Mythen (vgl. Ign. Magn. 8,1), Menschengebote, Reinheitsvorschriften und Gotteserkenntnis nicht zu leisten.

Die als geschäftstüchtige Juden und lügnerische Kreter beschimpften Sektierer erscheinen hier deutlich als Glieder der Kirche, die mit aller Strenge zurechtgewiesen werden müssen, damit sie im Glauben gesund werden. Wie es dann 2,1 aus der Aufforderung, der gesunden Belehrung entsprechend zu reden, hervorgeht, dient die gestrenge Zurechtweisung weniger einer seelsorgerlichen Bemühung um die Abgefallenen, als vielmehr der siegreichen Durchsetzung und Behauptung der kirchlichen Dogmatik und Moral. Wer die Lehren der Kirche nicht anzunehmen gewillt ist, wird als Jude oder als Heide verschrieen und als charakterlich defekt und krank erklärt. Weil jede theologische Auseinandersetzung mit der gegnerischen Position fehlt und die Rückgewinnung nicht durch überzeugende Argumente, sondern durch Unterwerfung unter die deklarierte Lehre erfolgt, wird die Verkündigung der Gegner nur an den Rändern spürbar: 1. Tim. 1,4 war von Mythen und endlosen Stammbäumen die Rede, wobei die Beschäftigung mit ihnen zu Streitereien führt. Tit. 3,9 werden sie nochmals zusammen erwähnt und als gesetzliche Auseinandersetzungen gebrandmarkt, mit welchen sich die Irrlehrer als vermeintliche Gesetzesgelehrte herumschlagen. Für den Verfasser handelt es sich dabei um menschliche Vorschriften, die, wie auch aus 1. Tim. 4,3–5 hervorgehen dürfte, eine Unterscheidung von reinen und unreinen Speisen regeln. Sie stehen für ihn im Zusammenhang einer theologischen Erkenntnislehre, die der von der Kirche geforderten Werkfrömmigkeit widerspricht. Wenn die hier erwähnte gegnerische Behauptung, Gott zu kennen, mit den 1. Tim. 6,20 erwähnten Widersprüchen einer sog. Gnosis zusammengeschaut werden darf, dann polemisiert der Autor gegen eine in den Gemeinden vertretene theologische Meinung, die er als überhebliche Gedankenspielerei abtut. Weil er das Glaubensgut als überlieferten Kirchenglauben allein verwalten will, es dabei auf seine Weise theologisch neu überdenkt, bleibt ihm nur die Apostrophierung. Darum erfolgt seine Abweisung auch generell und wohl auch ohne genaue Kenntnis des Gegners. V.15 unterscheidet er nicht einmal zwischen kultischer und sittlicher Reinheit (vgl. Röm. 14,20; 1. Kor. 6,20; 10,23). Für ihn gilt: Wer der kirchlichen Frömmigkeitsforderung gerecht wird, der ist rein.

2,1-10 Der Gemeindespiegel

1 Du aber laß verlautbaren, was gesunder Belehrung angemessen ist. 2 Alte Männer haben nüchtern, ehrbar und besonnen zu sein, gesund im Blick auf den Glauben, die Liebe und die Geduld. 3 Ebenso die betagten Frauen: Ihr Benehmen sei geheiligt, niemals verleumderischer Schwatzhaftigkeit noch dem Weingenuß verfallen! Sie sollen Gutes lehren, 4 damit sie die jungen Frauen anhalten, ihre Ehemänner und Kinder zu lieben, 5 keusch, sittsam und um die Familie besorgt zu sein, tüchtig (und) ihren eigenen Männern untertänig, damit das Wort Gottes nicht verlästert wird. 6 Ermahne die jüngeren Männer ebenfalls zur Keuschheit 7 in jeder Beziehung. Gib selber ein Vorbild in guten Werken! (Beweise) im Unterricht ein unverfälschtes Urteil, heiligen Ernst 8 und gesunde, unanfechtbare Verkündigung, damit die Gegenseite beschämt dasteht und keinen Grund findet, uns Schlechtes nachzusagen. 9 Sklaven sollen ihren Herren in allen Stücken untertan und wohlgefällig sein. Sie dürfen nicht aufbegehren, 10 niemals unterschlagen, sondern müssen völlige, verläßliche Treue erweisen, damit sie der Lehre unseres göttlichen Erlösers in jeder Beziehung zur Zierde gereichen.

Wie 1. Tim. 6,11; 2. Tim. 2,1; 3,10. 14 kehrt die Weisung nach der Abwehr der ketzerischen Umtriebe mit einem persönlichen und direkten Appell zum gebotenen Verhalten des Gemeindeleiters zurück. Die Instruktionen erhalten vor dem Hintergrund einer durch die fremde Verkündigung verunsicherten und durch ständige Unterwanderung von der Auflösung bedrohten Gemeinde ihren Ernst und ihre Dringlichkeit. Der verführenden Propaganda gilt es unentwegt die wahre Belehrung entgegenzustellen und der Gemeinde die gültigen Maßstäbe darzureichen. Kennzeichnend für die praktische Art des Briefes und in nüchterner Einsicht in das hier Notwendige soll der verlaufenen Gemeinde nicht theoretische Erörterung oder theologische Argumentation geboten werden, nicht Lehre, sondern konkrete Belehrung über das, was zu tun ist. Die Anweisungen erfolgen nach dem Muster traditioneller Haustafeln, welche einzelne Pflichten der verschiedenen Glieder einer antiken Familien- und Wohngemeinschaft aufzählen. Verwandte Hausspiegel finden sich Kol. 3,18-4,1; Eph. 5,22-6,9 und 1. Petr. 2,18-3,7. Weil Gemeindegruppen gemeint sind und nicht die verschiedenen Glieder einer Familien- und Hausgemeinschaft, auch nicht gesellschaftliche oder berufliche Stände außerhalb der Kirche, werden die antiken Haustafeln und Pflichtenreihen nur teilweise nachgeahmt.

Auffälligerweise bedürfen besonders die Angehörigen der alten Generation moralischer Zurechtweisung. Den betagten Männern fehlt es an Nüchternheit, Ehrbarkeit und Besonnenheit. Diese stoischen Tugenden sind nicht als Forderungen einer verbürgerlichten und einer dem Zeitgeist entsprechenden Ethik zu verstehen, sondern erhalten durch die Verklammerung mit der christlichen Dreiheit «Glaube, Liebe, Geduld» (vgl. 1. Thess. 1,3; 1. Kor. 13,13; Röm. 5,3-5; Ign. Pol. 6,2) ihre tiefere Verwurzelung. Die Dreierformel spricht an, was für alle in der Gemeinde gilt, und die

Tugenden ein Verhalten, das in den Pastoralbriefen besonders von den führenden Gliedern gefordert wird. Nüchternheit gegenüber den eingedrungenen Irrlehrern, Ehrbarkeit nicht als bürgerliche Bravheit, sondern als ein in der Liebe gereifter und gottgeheiligter Umgang, und Besonnenheit als aus der Gewißheit der Hoffnung genährte Tragfähigkeit: Diese drei «Tugenden» braucht die bedrohte Gemeinde zur innern Stärkung ihrer zerfallenden Gemeinschaft und sie bedarf der reifen Männer, die sie der Gemeinde vor Augen stellen, ihr Halt und Richtung geben.

Zu einem vorbildlichen und geheiligten Wandel müssen aber auch die betagten Frauen gerufen werden. Auf Vorbildlichkeit und nicht auf einen kirchlichen Lehrauftrag bzw. auf eine besondere Ehe- und Familienberatung für junge Frauen zielt die Weisung an die Frauen, die ebenfalls einen Beitrag zum Aufbau der Gemeinschaft zu leisten haben. Erscheint die Kirche in den Pastoralbriefen sonst deutlich als kultische Gemeinschaft, so hier als eine soziale Größe, deren gestaltende und verbindende Kraft nicht einer ideologischen Spekulation, sondern einer Ethik entspringt, in welche sie den überlieferten Glauben auslegt und welche sie als ihr lebendiges religiöses Bekenntnis versteht. Vermutlich trug die eingebrochene und sich ausbreitende Schwärmerei enthusiastischen Charakter und verführte die Gläubigen, die sittlichen Bande zu lockern, die ethische Anstrengung zu verachten und Haltlosigkeit und Verlotterung als Ausdruck einer aller irdischen Verbindlichkeit enthobenen Geistigkeit und intellektueller Bildung zu verstehen. Vielleicht stand gerade die jüngere Frau in der Gefahr, in schwärmerischer Begeisterung ihr Herz an die fremden Lehrer zu verlieren und in die frommen Zirkel zu laufen (vgl. 1. Tim. 5,11–15). Die dadurch drohende Vernachlässigung ihres eigenen Mannes und ihrer Kinder aber brachte die ganze Gemeinde bei den Außenstehenden in Verruf, weil bei ihnen die Gatten- und Kinderliebe zum Frauenideal gehörten (vgl. die entsprechende Mahnung Polyk.4,2 und 1.Clem.1,3). Auch das Benehmen der jüngeren Männer in der Kirche steht nach V. 6ff. unter dem kritischen Urteil der heidnischen Umwelt. Wiederholt nehmen die Pastoralbriefe auf das Gerede der außenstehenden Leute Rücksicht (vgl. Tit. 3,2.8; 1. Tim. 3,7; 5,14; 6,1). Wird das Verhalten der Christen zum öffentlichen Ärgernis, dann wird das Wort Gottes geschmäht. Mit dem Wort Gottes ist wie Tit. 1,3 und 2. Tim. 2,9 (vgl. aber 1. Tim. 4,5) der Inhalt des Evangeliums, der Heilsratschluß Gottes, gemeint, nicht eine besondere Schriftstelle, etwa 1. Mose 3,16, die vielleicht 1. Kor. 14,34 herangezogen wird. Soll **V.4f.** die junge durch das Vorbild der reifen und geheiligten Frau zu einem tadellosen und das Ansehen der Gemeinde fördernden Wandel zurückgewonnen werden, so **V.6f.** der junge Mann durch das persönliche Vorbild des Gemeindeleiters (vgl. 1. Tim. 4,12; 5,1; 2. Tim. 2,22). Nicht ausdrücklich von Jünglingen, sondern von jüngeren Männern im Vergleich zu den eingangs der Perikope erwähnten betagten ist die Rede, so daß nicht die Jugendlichkeit des Titus und des mit ihm gemeinten Gemeindeverantwortlichen besonders betont wäre. Auch der Inhalt der Ermahnung ist sehr allgemein formuliert und paßt auf alle Glieder der Gemeinde. Es sind Grundworte, welche die Morallehre der Pastoralbriefe überhaupt bestimmen. Nicht nur der junge Mann wird zum Maßhalten gerufen, sondern im vorliegenden Abschnitt auch der alte Mann und die junge Frau (vgl. auch Tit. 1,8; 2,12; 1. Tim. 2,9.15; 3,2; 2. Tim. 1,7). Dabei zielt hier die stoische Tugend weniger auf maßvolles Urteilen, sondern auf sittliche Reinheit und keusches Verhalten von Mann und Frau. Gerade die geforderte Vorbildlichkeit des Titus bezieht sich inhaltlich auf die Verantwortung gegenüber der ganzen Gemeinde. Sie betrifft die guten Werke, sachliche und persönliche Integrität im Unterricht und eine hieb- und stichfeste Verkündigung.

Gliedern der Gemeinde, die der Sklavenschicht angehören, muß **V. 9f.** eingeschärft werden, daß die Verbrüderung in der Gemeinde sie nicht davon befreit, ihre Stellung im Gefüge der geltenden Gesellschaftsordnung zu beachten und die ihrem Stande entsprechenden Verpflichtungen zu voller Zufriedenheit zu erfüllen. Im Unterschied zu 1. Tim. 6,1-2 (vgl. auch Kol. 3,22-25; Eph. 6,5-8; 1. Petr. 2,18-25) treten hier die Besitzer der Sklaven nicht ins Blickfeld. Sie erscheinen offensichtlich nicht als Glieder der Gemeinde. Darum müssen die Sklaven vor der Versuchung gewarnt werden, sich ihren heidnischen Herren gegenüber von der Ausübung christlicher Tugend zu dispensieren. Gerade als ein gläubiger Sklave wird er sich seinem weltlichen Herrn unterziehen und nicht aufbegehren, wenn die Gehorsamspflicht schwierig wird, und sich am Besitz des Herrn nicht vergreifen, sondern besondere Treue erweisen. Die Betonung der Unterordnung fordert vom Sklaven nicht Servilität, sondern die Bewährung der christlichen Einstellung und Moral auch im Bereich des Weltlichen. Der für die Ethik der Briefe grundlegende Begriff versteht sich nicht repressiv, sondern als positive Bejahung des göttlichen Heilswillens, der sich in den natürlichen Ordnungen der Schöpfung, der Familie und des Gemeinwesens, kurz in den natürlichen, sozialen und politischen Beziehungen ausdrückt. Für den Gläubigen ist die Welt ein vom universalen Heilswillen des göttlichen Wohltäters und Erlösers durchwalteter Kosmos. Unterordnung bedeutet Einordnung und damit Anerkennung der Heilsordnung Gottes, die ein Leben im Frieden erlaubt. Mit Verbürgerlichung hat dies alles nichts zu tun. Die Pastoralbriefe beweisen vielmehr, daß der christliche Glaube dieser Jahre über die Kraft verfügt, mitten in der Welt ein konkretes und universal gültiges Modell der Gemeinschaft zu entwerfen und eine heilvolle soziale Lebensform zu finden, in der die Spannungen zwischen Mann und Frau, Eltern und Kindern, Alt und Jung, Reich und Arm, Oben und Unten entgiftet sind und Stellung und Stand des Einzelnen dem gemeinsamen Leben im Frieden dienen.

2,11-15   Die Heiligung der Gemeinde

11 Denn die Gnade Gottes ist zum Heil für alle Menschen erschienen. 12 Sie erzieht uns, damit wir, dem gottlosen Leben und den weltlichen Begierden abgesagt, besonnen, gerecht und gottgefällig in der jetzigen Zeit leben, 13 dabei festhalten an der erhabenen Hoffnung und harren auf die Erscheinung der Herrlichkeit des großen Gottes und unseres Erretters Christus Jesus, 14 der sich für uns dahingegeben hat, damit er uns aus aller Ungesetzlichkeit befreie und sich selber ein ihm gehöriges Volk reinige, das nach guten Werken eifert. 15 Das sprich aus, ermahne dazu und weise mit allem Nachdruck zurecht! Keiner soll dich mißachten.

Der auf das Heil der ganzen Menschheit gerichtete Zweck der im «Gemeindespiegel» formulierten Anweisung zur Ermahnung der verschiedenen Glieder in der Kirche gründet auf einem fundamentalen Glaubenssatz der Gemeinde: Die in Christus erschienene Gnade Gottes gehört der Welt und bedeutet ihre Rettung. Wenn sich die Gläubigen von der Gottlosigkeit losgesagt haben, auf Ausschweifung verzichten und entschlossen ein Leben nach Gottes Geboten führen, dann geschieht dies nicht aus einer selbstgerechten und die andern verachtenden Überheblichkeit. Sie bilden gerade nicht eine Kirche der Heiligen und Vollkommenen im Gegensatz zu einer verkommenen und verworfenen Welt. Diese Gemeinde muß im Gegenteil nachdrücklich zur Heiligung ermahnt werden, damit ihre Glaubensbotschaft vor dem gestrengen moralischen Urteil der sie kritisch beobachtenden Umwelt die Bewährungsprobe besteht. Darum wird diese Zielsetzung mit allgemeinen Ausdrücken der stoisch geprägten hellenistischen religiösen Ethik genannt: Besonnenheit, Rechtschaffenheit, Gottesfurcht. Nur wenn es dieser Kirche gelingt, in überzeugender Weise ein hohes moralisches Ansehen in der Öffentlichkeit zu erlangen, wird sie in der Welt für ihre Botschaft Gehör finden.

Im Selbstverständnis der Kirche findet diese moralische Bewährung vor den Augen der Welt freilich eine auf Christus bezogene Begründung. Sie wird hier nicht in einer selbständigen Überlegung, sondern mit Hilfe aufgenommener liturgischer Tradition formuliert und artikuliert sich im Rahmen eines in das griechische Offenbarungsschema eingebrachten heilsgeschichtlichen Denkens. Darnach versteht sich die Kirche als das um den Preis der Hingabe in den Kreuzestod erworbene und darum Christus gehörige Volk (vgl. Apg. 20,28 ferner: Röm. 3,24; 1. Kor. 1,30; 6,20; 7,23; Gal. 3,13). Als Herr und Eigentümer der Kirche ist Christus damit beschäftigt, diese von Gesetzlosigkeit zu befreien, d. h. sie immer mehr seinen Geboten zu unterstellen, von Übertretungen zu reinigen und nach guten Werken eifern zu lassen. Wie die eingeflossene Hingabeformel aus dem Tauf- oder Abendmahlsgottesdienst stammt, so die Redeweise von der Erlösung aus Ungesetzlichkeit (vgl. Ps. 129 (130),8) und von der Reinigung eines Eigentumvolkes (vgl. 2. Mose 19,5; 5. Mose 14,2; Ez. 37,23; vgl. 1. Petr. 2,9–10) aus der mit alttestamentlicher Sprache gesättigten Liturgie.

Dazu tritt im Zusammenhang mit der Erscheinungsvorstellung der griechische Gedanke der Erziehung. Die Offenbarung des göttlichen Heilsratschlusses ist zugleich die Ankündigung eines sich erziehend durchsetzenden Willens Gottes (vgl. Eph. 6,4). Zwischen der ersten und der zukünftigen Erscheinung der Erlösergestalt liegt die Jetztzeit, in welcher «die Gnade», d. h. der göttliche Erlöserwille in huldvoller Herablassung die Kirche auf den Zeitpunkt der Wiederkunft zur moralischen Vollkommenheit heranziehen wird. Konkret verwirklichen die mit der Verkündigung, Belehrung und Zurechtweisung beauftragten Gemeindeleiter diese Heilspädagogik am Volk des Herrn. Die Kirche erscheint als eine Erziehungsanstalt der Gnade. Ihr Sprecher ist Titus, bzw. der leitende Bischof der Gemeinde. Seine Weisung besitzt offenbarungsgeschichtliche Autorität, weil sie der Verwirklichung des göttlichen Ratschlusses dient. Im ermahnenden Wort des Predigers und Seelsorgers ist der erlösende Heilswille Gottes selber am Werk. Das aufrichtende, mahnende und strafende Wort der Kirche ist das ihr anvertraute Wort Gottes, durch das er sein Volk zurüstet auf den Tag seiner zweiten und entscheidenden Erscheinung in der Wiederkunft Christi.

3,1–7   Die Einstellung der Gemeinde zur Welt

1 Rufe ihnen in Erinnerung, herrschenden Obrigkeiten untertan zu sein, Gehorsam zu leisten, sich zu jedem guten Werk bereit zu finden, 2 niemanden zu schmähen, auf Streit zu verzichten, Entgegenkommen zu zeigen, allen Menschen gegenüber Milde zu erweisen. 3 Denn auch wir waren einmal ohne Einsicht, ungehorsam, in Irrtum befangen, gebunden in Leidenschaften und Begierden aller Art (und) lebten dahin in Bosheit und Mißgunst, als abscheuliche Menschen, voll Haß gegeneinander. 4 Als aber die Güte und Menschenliebe Gottes, unseres Erretters, in Erscheinung traten 5 – nicht um der gerechten Werke willen, die wir geleistet haben, sondern nach seinem Erbarmen –,

hat er uns errettet durch das Bad der Wiedergeburt und der Erneuerung des Heiligen Geistes, 6 den er reichlich auf uns ausgegossen hat durch Jesus Christus, unsern Erretter, 7 damit wir durch seine Gnade gerechtfertigt zu Erben würden, wie es der Hoffnung auf das ewige Leben entspricht.

«Erinnern» gehört zu den Verben des ermahnenden Stils (vgl. 2.Tim. 2,14; 2. Petr. 1,12; Jud. 5) im Sinne des Ins-Gewissen-Rufens und Vor-Augen-Haltens und spricht bereits Bekanntes an. Im Unterschied zu Röm. 13,1-7 und 1. Petr. 2,13-17 scheint keine besondere Aktualität vorzuliegen. Wie beim Motiv der Fürbitte greift das pastorale Mandat auf gängige Muster, erstrebt ein vollständiges Formular und berücksichtigt vermutlich apologetisches Interesse. Auffällig ist im griechischen Text der ohne Konjunktion verbundene Doppelausdruck «Herrschaften Gewalten». Nach Luk. 20,20; Kol. 1,16; 2,15; Eph. 6,12; Mart. Pol. 10,2 gehört aber die Konjunktion zur üblichen Formel. Vielleicht hat sich bei der Auslassung des «und» ein alter Schreibfehler erhalten, oder der zweite, Röm. 13,1-7 beherrschende Ausdruck drang als erklärende Glosse sekundär ein.

Wichtiger ist, daß die von der Gemeinde geforderte Unterordnung und der geschuldete Gehorsam nicht als passive Unterwerfung erscheinen, sondern als Aufforderung zur aktiven Verwirklichung christlichen Handelns und zur Bezeugung gläubigen Verhaltens in den öffentlichen Beziehungen. Nicht von einer ängstlichen oder berechnenden Unterwürfigkeit ist die Rede, sondern vom Einbringen christlicher Normen ins römische Herrschaftssystem. Wie der Glaube sich innerhalb der Gemeinde durch die Förderung guter Werke und die Teilnahme an der guten Tat als nützlich zu erweisen und zu legitimieren hat, so nun auch im Verhältnis zu den staatlichen Ordnungen und im Umgang mit Vertretern der Öffentlichkeit. Die das kirchliche Zusammenleben prägende Ethik gilt auch für die Beziehungen zur Umwelt. Sie verfährt nicht zweigleisig und beansprucht, auch im weltlichen Bereich praktikabel und hilfreich zu sein. Darum stehen die einzelnen Eigenschaften des geforderten Verhaltens auch in den Gemeinde- und Beamtenspiegeln (vgl. die wiederholte Forderung des nützlichen Werkes und der diakonischen Tat 1. Tim. 2,9; 4,8; 5,10.25; 2. Tim. 2,21; 3,17; Tit. 1,16; 2,7; des friedfertigen und entgegenkommenden Verhaltens 1. Tim. 2,8; 3,3; 6,18; 2. Tim. 2,14.24; Tit. 1,8; der Milde 1. Tim. 6,11; 2. Tim. 3,10). Von einer problemlosen Loyalität gegenüber der staatlichen Gewalt ist nicht die Rede. Das offizielle System wird vielmehr ethisch unterwandert, indem die Kirche ihre Glieder und Leiter einzeln in die jeweiligen Handlungs- und Begegnungsfelder schickt und so konkret die eigenen, dem Glauben entsprechenden Normen des Handelns und Verhaltens durchsetzt.

Wie in V. 11-14 die Anweisung zum Verhalten in der kirchlichen Gemeinschaft (2,1-10) mit der Heilswahrheit begründet wird, so beruht die konkrete Handlungsweise im Verkehr mit der heidnischen Umwelt ebenfalls auf der Heilserkenntnis und dem Erlösungsbewußtsein der Gemeinde. Diese Begründung wird V. 3 ff. wie V. 11 wieder im Rahmen der griechischen Denkvorstellungen formuliert und benützt dazu ein breitgestreutes Muster der Bekehrungspredigt, nach welchem das heidnische Vorleben in düsteren Farben als ein lasterhaftes beschrieben und das christliche Leben nach Bekehrung und Taufe als ein begnadetes und reines Leben hingestellt wird (vgl. schon bei Paulus Röm. 6,17-22; 1. Kor. 6,9-11; auch Kol. 3,7-8; Eph. 2,2-10; 4,17-24; 1. Petr. 1,14-21). Der dabei gewählte Wir-Stil schließt nicht Paulus und Titus zusammen, sondern entspricht, wie schon die katalogähnliche Reihe in V. 3 beweist, dem auf ein überkommenes Schema greifenden Mandatstil des Autors.

Auffälligerweise, aber bezeichnend für das hier vorliegende Verständnis der kirchlichen Verkündigung, bedeutet nicht das heilsgeschichtliche Faktum der Sendung Christi, sondern die den Hörer erreichende und ihn zum Glauben führende Botschaft die Heilswende, in welcher die Erscheinung des göttlichen Erlösers zum Ereignis wird.

Darum sagen V. 4 und V. 5b, daß die rettende Erscheinung der göttlichen Güte und Menschenfreundlichkeit durch Wiedergeburt und Geistesmitteilung im sakralen Akt der Taufe erfolgte. V. 5a hat gegen allen Schein weder mit einer ursprünglichen noch mit einer wiederholten Paulusformel etwas zu tun. Stellen wie Röm. 3,20. 24; Gal. 2,16; Phil. 3,9 (vgl. auch Eph. 2,8–9) richten nicht nur die Glaubensgerechtigkeit gegen die Gesetzesgerechtigkeit, sondern verstehen zugleich Tod und Auferweckung Jesu als heilsgeschichtliche Vorausnahme des endgerichtlichen Urteils Gottes. Darauf nimmt die angeklammerte Bemerkung des Autors keinerlei Bezug, sondern hält sich inhaltlich an die theologische Konzeption der Pastoralbriefe. Güte und Menschenliebe sind auf den Erlöser übertragene Tugenden des hellenistischen Herrscherideals. Sie entsprechen der herablassenden Huld, die als unverdienbares Erbarmen zum ewigen Sein und Wesen der Gottheit gehört und nun in der den Gläubigen ergreifenden und zum Heil erwählenden Evangeliumsbotschaft sichtbar geworden ist. Das Problem einer Rechtfertigung auf Grund von geleisteten Werken steht außerhalb seiner Überlegung. Für ihn sind diese Werke selbstverständlich zu fordernde Beweise echter Frömmigkeit des Gläubigen, die das göttliche Wohlgefallen finden und im Gericht ihre gerechte Belohnung empfangen werden. Sie bewirken aber nicht die Aufnahme in das Heil, die vielmehr im sakramentalen Akt der Taufe als gnadenvolle Zuwendung des Erlösers erfolgt.

Das Wort «Wiedergeburt» findet sich nur noch in der Wiedergabe des Gerichtswortes aus der Redequelle Matth. 19,28 (vgl. Luk. 22,28–30) und sitzt im stoisch geprägten, hellenistischen Sprachfeld jüdischer Vorstellungen. Ein Zusammenhang mit der Taufe fehlt in Matth. 19,28. Von den einschlägigen Stellen, an welchem von einer neuen Geburt die Rede ist, erwähnt nur Joh. 3,5 die Verbindung von Taufe, Geburt und Heiligem Geist («geboren aus Wasser und Geist»), während für die Verbindung der Geistesausgießung mit der Taufe Stellen wie Röm. 5,5; Apg. 2,17f. 38; 10,45; 1. Clem. 2,2; 46,6; Barn. 1,3 zu beachten sind. Einige Jahre später erwähnt der Märtyrer Justin die Verbindung von Taufe und Wiedergeburt als festen und traditionellen Sprachgebrauch in der griechischen Kirche (Apologie I 61,3–4. 10; 66,1). Haftet ursprünglich am Begriff der Wiedergeburt die Vorstellung eines kosmischen Vorganges im Sinne einer Neuschöpfung der Welt, so hält sich hier lediglich das individuelle Verständnis. Dazu paßt die entsprechend interpretierende Ergänzung der Wiedergeburt als Erneuerung durch den Heiligen Geist. Auch damit ist nicht die Erschaffung des neuen Menschen, die endzeitliche Neuschöpfung (wie etwa 2. Kor. 5,17) gemeint, sondern an das neue, fromme Leben im Unterschied zum alten, sündigen Vorleben des Christen gedacht. Bemerkenswert ist, daß hier der Heilige Geist nicht als Amtsgeist des Klerus, sondern als der zur Frömmigkeit erziehende Geist der getauften Glieder erscheint. Dies erklärt auch, warum V. 6 betont, daß er «reichlich durch Jesus Christus, unsern Erretter» über die Christen ausgegossen wurde. Nach 2. Tim. 1,7 war es Gott, der Paulus und Timotheus nicht einen Geist der Verzagtheit, sondern der Kraft, Liebe und Zucht gegeben hatte. Vielleicht verbindet sich hier, worauf auch die Verwendung des Verbs «ausgießen» aus Joel 3,1 hindeutet, die auch Lukas leitende Vorstellung (vgl. Apg. 2,33), nach welcher der Erhöhte jeweils den Gläubigen den Heiligen Geist vermittelt. Nach V. 6f. erfolgt diese Ausrüstung der Gläubigen in reichem Maße, damit sie zu Erben werden können. Die scheinbar umständliche Ausdrucksweise ist im Einzelnen sorgfältig zu beachten. Zu Erben werden die Getauften nicht durch die Taufe, sondern durch den reichlich ausgegossenen Heiligen Geist, der ihr Leben nun erneuert und zu den notwendigen und gottgefälligen «Werken in Gerechtigkeit» (V. 5) befähigt. Die V. 7 eingeschobene Bemerkung darf nicht als genuine Paulusformel verstanden werden, wenn sie auch bewußt paulinische Sprache aufnimmt (vgl. Röm. 3,24). Der Verfasser versteht aber «gerechtfertigt» nicht forensisch, sondern zuständlich: Die Getauften werden durch den Heiligen Geist nicht gerecht gesprochen, sondern zu Gerechten gemacht. Auffällig und sich gegen eine Verbindung mit Jesus Christus sperrend ist auch der Ausdruck «durch jenes Gnade». Mit Gnade ist nicht der Freispruch Gottes, sondern wieder die schenkende Gnade, die herablassende Huld des grossen Gottes (vgl. Tit. 2,13) gemeint, in welcher Gott seinen Geist bei der Taufe durch Jesus Christus auf die Gläubigen ausgegossen hat. «Hoffnung des ewigen Lebens» ist feste liturgische Formulierung und hinkt darum wie auch Tit. 1,2 nach. Aus einem Vergleich von 3,4–7 mit 1. Petr. 1,3–5; Eph. 2,1–10 wird deutlich, daß der Verfasser hier Elemente aus einer hellenistischen Taufliturgie aufgenommen hat.

3,8–11 Die Forderung einer maßgeblichen Verkündigung

8 Verläßlich ist das Wort! Ich will darum, daß du dich mit Nachdruck für die Sache einsetzest, damit die, die ihr Vertrauen auf Gott gestellt haben, darauf bedacht sind, sich in guten Werken hervorzutun. Diese sind sinnvoll und helfen den Menschen. 9 Von den törichten Untersuchungen und Stammbäumen, von Zank und Streitereien über Gesetze aber halte dich fern: Sie sind doch ohne Nutzen und Sinn! 10 Einen ketzerischen Menschen sollst du nach wiederholter Ermahnung abweisen, 11 im Wissen, daß sich ein solcher bereits abgewandt hat und in der Sünde lebt als einer, der sich selber verurteilt.

V. 8 beginnt mit derselben Merkformel, die der Autor auch 1. Tim. 1,15; 3,1; 4,9; 2. Tim. 2,11 verwendet, wenn er im jeweiligen Briefzusammenhang die Aussage besonders betonen will und sie darum in geprägte Sätze, in liturgische Sprach- oder unterrichtliche Spruchformen faßt. Hier nun verbindet er in seiner originellen, appellativen Stilform die folgenden Ermahnungen mit dem moralischen Gehalt der vorangehenden, aus einer Taufansprache stammenden Sätze.
Der für die Gemeinde verantwortliche Bischof soll den Gläubigen vor Augen halten, daß mit ihrer Taufe ein neues Leben begonnen hat und mit guten Werken ausgewiesen werden muß. Rechter Glaube und echte Frömmigkeit gehören zusammen. Kriterium bleibt die ethische Bewährung. Kennzeichen der Irrlehre ist das Auseinanderfallen von Glauben und Leben. Die Gemeinden sind dadurch gefährdet, daß viele Glieder fromme Spekulation und gelehrten Tiefsinn höher werten als moralische Festigkeit und den verbindlichen Dienst der Liebe und des Friedens. Bezeichnend für das pragmatische Denken wird die abschließende Forderung nicht mit dem theologischen oder gar mit dem christologischen Gehalt der liturgischen und unterrichtlichen Elemente, mit welchem auf die Taufgnade verwiesen wurde, verklammert. Sie führt vielmehr den Gesichtspunkt der Bereitschaft zum guten Werk, der auch für die Ermahnung zum Gehorsam gegenüber der Obrigkeit (3,1) maßgebend war, weiter. Darum ist auch die Beschäftigung mit der Irrlehre sinn- und fruchtlos.

Die gegen sie in den Pastoralbriefen gemachten Auslassungen werden nochmals zusammengestellt: Die törichten Untersuchungen (1. Tim. 1,4; 6,4; 2. Tim. 2,23), die Geschlechtsregister (1. Tim. 1,4), die Streitereien um gesetzliche Vorschriften (1. Tim. 1,7-9; Tit. 1,14; 2. Tim. 2,14. 24).
Wer an der Irrlehre festhält, ist für die Gemeinde nicht mehr tragbar. V.10 spricht in einer für das ganze Neue Testament singulären Weise vom ketzerischen Menschen. Titus soll sich nach wiederholter Vermahnung (vgl. 1. Kor. 10,11; Eph. 6,4; Ign. Eph. 3,1) nicht mehr um ihn kümmern. Steht Titus für den beauftragten Leiter der Kirche, dann erhält er hier die Instruktion zu zwei kirchenamtlichen Zurechtweisungen. Von einem Tragen des Schuldigen, wie es Gal. 6,1 f. gebietet oder Paulus im Blick auf den Beleidiger in Korinth (2. Kor. 2,5-11) von der ganzen Gemeinde erwartet, ist nicht die Rede. Auch an ein seelsorgerliches Gespräch unter vier Augen, darauf vor zwei Zeugen, endlich vor der ganzen Gemeinde, wie es aus Matth. 18,15-17 hervorgeht, wird hier nicht mehr gedacht, obwohl 1. Tim. 5,19 die auf 5. Mose 19,15 zurückgreifende Praxis kennt. Aber dort handelt es sich um ein Verfahren des Presbyteriums gegenüber einem fehlbaren Presbyter, der wohl bestraft, aber nicht ausgestoßen werden soll. Um eine eigentliche Exkommunikation handelt es sich freilich kaum. Die auffällige Erwähnung, daß ein und zwei Vermahnungen angeordnet werden, besagt vielleicht, daß bei der ersten Buße und Umkehr noch möglich sind. Erst nach einem zweiten Versuch ist der auf der Irrlehre Beharrende nicht mehr als Bruder (wie noch 1. Tim. 4,6; 5,1; 6,2) zu betrachten, sondern als Ketzer und als «ein Solcher», wie es 1. Kor. 5,5 u.ö. heißt. Das Beharren auf der falschen Lehre erscheint als Festhalten an der Sünde. Irrlehre ist nicht nur nutzlos und töricht, sondern unvergebbare Schuld und stellt ihren Verfechter außerhalb der Vergebung. Seine Unbelehrbarkeit wird ihm zum Gericht (vgl. Matth. 18,17).

3,12-14   Persönliche Anweisungen

12 Sobald ich Artemas oder Tychikus zu dir sende, komme eiligst zu mir nach Nikopolis. Ich habe mich entschlossen, dort den Winter zu verbringen. 13 Rüste Zenas, den Rechtskundigen, und Apollos eifrigst zur Weiterreise aus, damit es ihnen an nichts fehle. 14 Auch unsere Leute sollen es lernen, sich mit guten Werken für die sich aufdrängenden Bedürfnisse hervorzutun, damit sie nicht ohne Frucht dastehen.

Gerade die persönlichen Notizen und Aufträge gehören zum verfeinerten literarischen Stil der Pastoralbriefe. An echte Personalangaben läßt sich nicht denken. Nicht nur widersprechen die konkreten Einzelheiten den Hinweisen in den Paulusbriefen und in der Apostelgeschichte, sondern es kann auch nicht erklärt werden, wie und wo solche persönliche Billets des Apostels im Gebrauch waren und wie sie dann überliefert und in die Schreiben aufgenommen worden wären. Dazu kommen die innern Widersprüche. 1. Tim. 3,14; 2. Tim. 1,4; 4,9. 21 erwähnen ebenfalls das Motiv der drängenden Eile, nach welchem Paulus und sein Schüler möglichst schnell wieder vereinigt sein sollen. Dies steht im Gegensatz zu den organisatorischen Instruktionen an Timotheus und Titus, zu deren Durchsetzung mit einer länger dauernden Wirksamkeit in den Gemeinden gerechnet werden muß.
Die Personennamen Artemas, Tychikus, Zenas und Apollos sind griechisch und verbreitet. Artemas begegnet nur hier. Vielleicht erinnert die Abkürzung für Artemidorus (= Geschenk der Artemis) an einen Zusammenhang mit Artemis von Ephe-

sus (Apg. 19,23-41). In der spätern Legende erscheint Artemas zudem als Bischof von Lystra. Tychikus sollte nach 2. Tim. 4,12 in Ephesus Timotheus ersetzen und ihn für Paulus freistellen. In den echten Paulusbriefen erscheint sein Name nicht, lediglich Apg. 20,4; Eph. 6,21; Kol. 4,7 erwähnen ihn. Hier spielt er die Rolle eines Paulusbegleiters, der mit vielen andern aus den Missionsgemeinden mit dem Apostel nach Jerusalem reist, und die eines eng verbundenen Abgesandten, der die Gemeinden in Ephesus und Kolossä als ein Bruder, Diener und Knecht im Herrn über Paulus informiert. Nach vorliegender Stelle soll er oder Artemas die Nachfolge des Titus auf Kreta übernehmen. Es muß auffallen, daß offen bleibt, wer es von beiden nach dem Eintreffen des Schreibens dann sein wird. Auch Zenas (eine Abkürzung für Zenodorus (= Zeusgeschenk)), wird nur hier erwähnt. Er wird mit Apollos noch auf Kreta in der Umgebung von Titus gedacht und als ein Gesetzeskundiger bezeichnet. An einen ehemaligen jüdischen Gesetzeslehrer ist nicht zu denken, weil ein solcher 1. Tim. 1,7 polemisch mit den Sektenlehrern verbunden wird. Der verwendete Ausdruck bezeichnet in der griechisch-römischen Umwelt den Juristen oder allgemeiner den im geltenden Recht Bewanderten. Was will der Autor mit dem Hinweis aussagen? Weil Paulus noch nicht gefangen ist, braucht er auch keinen Advokaten, der ihn vor Gericht verteidigt. Aber die Gemeinden der Pastoralbriefe verstehen sich als konstituierte Größen mit kirchenrechtlichen Ordnungen innerhalb eines geordneten Staatswesens, dessen soziale und politische Gesetze als gültige Strukturen der Gesellschaft anerkannt und befolgt werden. So läßt sich der Hinweis auf den rechtskundigen Zenas, den Paulus bei sich haben will, als eine apologetische Bemerkung verstehen, die das Selbstverständnis der Kirche gegen den durch die ketzerischen Umtriebe genährten Verdacht staatsfeindlicher Einstellung abgrenzt. In den Paulusakten (2,2) ist ein Zeno der Sohn des Onesiphorus (2. Tim. 1,16; 4,19). Apollos, von Paulus als Mitarbeiter und Mitbruder in Korinth erwähnt (1. Kor. 1,12; 3,4-5; 4,6; 16,12), wirkt nach Apg. 18,24 als ehemaliger Jude aus Alexandrien mit großer Schriftgelehrsamkeit in Ephesus für das Evangelium und nach zusätzlicher Belehrung durch Priskilla und Aquila auch in Korinth (Apg. 19,1). Wie über Artemas, Tychikus und Zenas, so verfügt hier Paulus auch über ihn, indem er Apollos als Missionsarbeiter nach seinen Plänen einsetzt und die Arbeit zuteilt. Damit werden die Apostelschüler zu Vorbildern für kirchliche Mitarbeiter, die durch die Kirchenleitung an verschiedenen Orten und zu verschiedenen Diensten eingesetzt, abberufen und neu zugewiesen werden.
Nikopolis (= Siegesstadt) ist ein häufiger Stadtname. Ein besonderes Ansehen besaß die von Kaiser Augustus in Epirus an der Adriaküste erbaute Stadt. Er gründete Nikopolis zur Erinnerung an seinen im Jahre 31 v. Chr. über Antonius und Kleopatra bei Actium errungenen Sieg. Hier entfaltete auch der stoische Philosoph Epiktet (50-130) seine berühmte und weitreichende Lehrtätigkeit. Nach 2. Tim. 4,21 sollte Timotheus noch vor Wintereinbruch beim gefangenen Apostel Paulus in Rom eintreffen. Nach 1. Tim. 1,3 befand sich Paulus bereits in der Provinz Mazedonien, die zwischen der Provinz Epirus und der nördlich gelegenen Provinz Illyrien bis an die Adria reichte. Illyrien wurde im 1. Jahrh. aufgeteilt und im Süden zur Provinz Dalmatien geschlagen. Röm. 15,19 erwähnt Paulus, daß er die Christusbotschaft bis nach Illyrien getragen habe. Nach Apg. 19,21; 20,1-6 reiste Paulus von Ephesus über Mazedonien nach Griechenland und von dort wieder über Mazedonien zurück. Apg. 20,2 bemerkt dabei: «Er zog durch jene Gegenden, ermahnte überall die Gemeinden in vielen Predigten und kam dann nach Griechenland». Diese Bemerkungen des Paulus und des Lukas erlaubten dem Autor der Pastoralbriefe die

Annahme einer Reise des Apostels in den Nordwesten des Balkans. Die Tatsache, daß um die Jahrhundertwende Epiktet in Nikopolis seine berühmte Philosophenschule führte, mag ihn bewogen haben, Paulus dort sein Winterquartier planen und Titus dorthin reisen zu lassen. Nach 2. Tim. 4,10 ist dann, während Paulus bereits in Rom auf seine Verurteilung wartet, Titus von Nikopolis weiter nördlich nach Dalmatien gereist.

Das Motiv des Überwinterns haftet an der Mitteilung der Durchreise durch Mazedonien (1. Kor. 16,5–6). Es verbindet sich zudem mit der Aufforderung zur missionarischen Ausrüstung des Apostels (vgl. Röm. 15,24; 2. Kor. 1,16; Apg. 15,3). Darauf liegt auch hier die Betonung. Titus ist verantwortlich für den Unterhalt und den Proviant der apostolischen Mitarbeiter Zenas und Apollos. Der Vorsteher einer Gemeinde wird so verpflichtet, für die leiblichen Bedürfnisse der Wanderapostel und Gemeindemissionare besorgt zu sein. Die Reiseprediger der christlichen Botschaft sollen sich nicht wie die heidnischen Wanderpriester und kynischen Philosophen ihren Unterhalt auf der Straße zusammenbetteln müssen. Darum spielt die Gastlichkeit eine wichtige Rolle. Besonders die Bischöfe, Presbyter, Diakone und Witwen werden dazu angehalten und dafür gelobt (Tit. 1,8; 1. Tim. 3,2; 5,10). Nicht nur der Presbyter und die Witwe in der Gemeinde, sondern auch der Wandermissionar, der von Gemeinde zu Gemeinde zieht, hat Anrecht auf den Lebensunterhalt durch die Gemeinde (1. Tim. 5,3.17). Dabei wird eine polemische Spitze sichtbar: Die Ketzeragenten verbinden mit ihrer religiösen Propaganda ein lukratives Geschäft (1. Tim. 6,5), während der kirchliche Arbeiter sich wie ein Soldat nicht um den Lebensunterhalt zu kümmern hat (2. Tim. 2,4), sondern wie der Landmann die Früchte seiner Arbeit als erster genießen darf (2. Tim. 2,6). Mit Nahrung und Kleidung muß er sich freilich begnügen (1. Tim. 6,8) und darf sich am Evangelium nicht bereichern. Der 3. Johannesbrief beweist, daß die Verpflichtung zur Ausrüstung der kirchlichen Evangelisten nicht selbstverständlich war. Der Gemeindebischof Diotrephes verweigerte die Unterstützung, während Gaius gelobt wird, weil er dafür besorgt ist «wie es Gottes würdig ist» (3. Joh. 6.9–10). Auch Tit. 3,14 zeigt, daß die Gemeinden für diesen Dienst an den wandernden Brüdern besonders angehalten werden müssen. Dadurch erhalten sie Anteil am missionarischen Erfolg und bleiben nicht ohne Frucht.

Diese abschließende Mahnung wirft nochmals ein Licht auf das Selbstverständnis dieser Gemeinden, welche sich niemals damit zufrieden geben, in stiller Zurückgezogenheit ihre Frömmigkeit zu pflegen, sondern im Gegenteil mit der polemischen Abgrenzung gegen die Irrlehre eine ernste missionarische Verantwortung gegenüber der eigenen Botschaft verbinden und eine universale Verpflichtung gegenüber der ganzen Menschheit anerkennen und durchsetzen. Diese Zuwendung zur Welt gründet im theologischen Bekenntnis zu dem Gott, der will, daß alle Menschen gerettet werden (1. Tim. 2,4).

3,15   Grüße und Segen

15 Es grüßen dich alle, die bei mir sind. Grüße, die uns im Glauben zugetan sind. Die Gnade sei mit euch allen.

Gruß und Segenswort bleiben formal und entbehren der christologischen Aussage, welche die Briefabschlüsse des Paulus bestimmt und die innere Verbundenheit des

Glaubens lebendig bezeugt. So wirken Gruß und Grußbestellung unpersönlich. Der Verfasser vermag die Briefform seines kirchenamtlichen Schreibens nur noch knapp durchzuhalten. Seine Formulierung verläßt kaum die Nüchternheit einer profanen Formel. Der kurze Zuspruch der Gnade verzichtet auf den Ausdruck einer gottesdienstlichen Feierlichkeit und richtet sich allgemein an die genannten Empfänger, auf die die Verantwortung für die Weitergabe des Evangeliums und für die Gestaltung einer geordneten Gemeinschaft in der rechtgläubigen Kirche gelegt ist. So paßt der kurze Schluß zum Stil eines oberhirtlichen Schreibens, das sich nicht an die gottesdienstliche Gemeinde, sondern an ihre leitenden Presbyter wendet.

Stellenregister

Altes Testament

1. Mose
3,16   92

2. Mose
7,11   73
19,5   94

4. Mose
16,2   70
16,5   70
16,26   70

5. Mose
6,4   21
14,2   94
19,15   98
25,4   43
33,1   49

1. Samuel
2,27   49

2. Samuel
7,5   85
7,8   85
7,12ff. 65

Esra
6,10   21

Hiob
1,21   47

Psalmen
6,9   70
7,2f.   81
21 (22),14 74
21 (22),22 74.81
23 (24),3ff. 24
27 (28),4   80
33 (34),18 74
33 (34),20 74
34 (35),17 81
61 (62),13 80
77 (78),70 85
88 (89),4   85
88 (89),21 85
89 (90),1   49
90 (91),13 81
104 (105),26 85
104 (105),42 85
129 (130),8 94

Sprüche
3,6   67
11,5   67
12,13   27
24,12   80

Prediger
5,14f. 47

Jesaja
26,13   70
28,16   29.69
45,9   70
52,11   70
59,16   70

Jeremia
7,25   85
18,1ff. 70
25,4   85
36 (29),7 21

Ezechiel
37,23   94

Daniel
5,23   29
7,9ff. 76

Joel
3,1   96

Amos
3,7   85

Haggai
2,23   85

Sacharja
1,6   85

Außerkanonische Schriften neben dem Alten Testament

Weisheit Salomos
7,6   47
15,7   70

Tobias
7,12   12
13,7   17
13,11   17
14,10   27

Jesus Sirach
9,3   27
25,24   25

Baruch (griech.)
1,10ff. 21

1. Makkabäer
7,33   21

Qumranschriften
1 QS 5,5   29
1 QS 8,4ff. 69
1 QH 6,25ff. 29

Damaskusschrift
5,17ff.   70.73

Henochbuch
16,3   32

Zwölf Testamente
Dan 6,2   22

Psalmen Salomos
13,3   81

Moses Himmelfahrt
7,3ff. 34

Jesajas Himmmelfahrt
11,23   32

Sprüche der Väter
3,2   21

Baruch (syr.)
78,2   12

4. Esra
7,33   76

Philo
In Flaccum 49 21

Neues Testament

Matthäus
1,1ff.   13
5,23f.   24
6,24   47
7,15ff.   34
10,10   43
13,24ff. 70
18,15ff. 98
18,17   98

Stellenregister

19,28	96	3,17	16	1,8ff.	55
24,14	33	4,24ff.	23	1,16	67
25,31	76	4,29	85	1,29f.	72
27,43	74	4,32	13	1,29ff.	14
		6,1	40	2,6	80
Markus		8,9ff.	34	2,15	13
6,7ff.	47	9,14	71	2,16	65
7,1ff.	24	9,21	71	3,19	14
8,38	44	10,42	76	3,20	96
10,45	21.51	10,45	96	3,24	94.96.97
13,10	33	12,5	24	3,25f.	16
13,12	72	12,12	24	4,11	69
13,22	33	13,2	17	5,3ff.	91
15,2	50	13,2f.	24	5,5	96
16,15	33	13,6ff.	34	6,1ff.	68
		13,27	16	6,9	64
Lukas		14,15	29	6,17ff.	95
2,29	85	14,23	87	7,4	64
2,36f.	41	15,3	100	7,14	14
2,37	56	15,21	38	7,16	14
3,23ff.	13	15,37	79	8,34	64
4,16	38	16,1ff.	37.74	9,1	13
10,7	43	16,17	85	9,21ff.	70
10,38ff.	41	17,30	16	11,25	58
12,22ff.	47	17,32	68	12,5	25
12,42	14	18,1ff.	82	12,6	38.57
16,1ff.	14	18,18f.	82	12,19	81
16,13	47	18,19ff.	12	13,1ff.	95
17,10	77	18,24	99	13,5	13
18,1ff.	56	19,1	99	14,1ff.	35
18,7	41	19,14ff.	34	14,9ff.	76
18,8	76	19,21	99	14,20	91
19,10	16	19,22	80	15,19	99
20,20	95	19,23ff.	99	15,23	7
22,28ff.	96	20,1ff.	99	15,24	7.100
23,43	82	20,2	99	15,28	7
24,47	33	20,4	12.80.99	16,3ff.	82
		20,17	87	16,23	80
Johannes		20,25	7	16,25	65.85
1,1ff.	30	20,28	94	16,25f.	14
1,9ff.	30	20,28ff.	77	16,25ff.	58
1,14	30	20,29	72	16,27	17
3,5	96	20,29f.	33		
3,36	69	20,36ff.	56	1. Korinther	
5,24	69	21,29	80	1,1	55
5,26ff.	76	23,1	13	1,2	71
6,47	69	24,10	81	1,3	86
8,51	69	24,16	13	1,4ff.	55
11,25f.	69	25,8	81	1,5	53
17,11	13	25,16	81	1,12	99
18,33ff.	50	26,1	81	1,30	94
		26,24	81	2,1	32
Apostelgeschichte		26,32	7	2,6ff.	58
1,7	86	28,16	79	2,7f.	32
1,14	23	28,30f.	7	3,4f.	99
1,24	23			3,11	29
2,17f.	96	Römer		3,11f.	69
2,33	96	1,1	85	3,17	46
2,38	96	1,3	64	4,1	13
2,42	23	1,4	32	4,6	99
2,46	13	1,7	86	4,14ff.	42

Stellenregister

4,16	38	4,6	53	6,12	95
4,17	11.24.55	5,10	76	6,21	99
5,1 ff.	42	5,15	64		
5,5	18.98	5,17	96	Philipper	
6,9 ff.	95	5,18	77	1,1	12.85
6,20	23.91.94	6,4	77	1,2	86
7,17	24	7,3	66	1,7	81
7,20 ff.	44	7,6	87	1,23	82
7,23	94	7,13	87	2,6 ff.	22.30.31.33
8,1 ff.	35	7,14	87	2,10	32
8,6	21.22	8,6	87	2,16	78
8,7	13	8,7	53	2,17	77.78
8,12	13	8,16	87	2,19	12
9,2	69	8,16 f.	87	2,19 ff.	11.37
9,7	63	8,23	87	2,22	55
9,9	43	9,8	47	3,4 ff.	16
9,10	63	11,3	25	3,7	56
9,17	17	11,15	80	3,8	53
9,24	63	11,23	36.77	3,9	96
9,24 ff.	49	11,23 ff.	74	3,12 ff.	49.78
9,25	63	12,2	32	3,13	78
10,1 ff.	35	13,1 ff.	42	3,17	38
10,11	98			3,20	86
10,23	91	Galater		4,3	11
11,1	38	1,4	23	4,11	47
11,2 ff.	25	1,13 f.	16	4,13	15
11,5	25	2,1	87	4,23	83
11,8 ff.	25	2,2	33		
12,4	38.57	2,3	87	Kolosser	
12,9	38	2,16	96	1,1	11.12.55
12,27	25	3,13	94	1,3 ff.	55
12,28	38	3,19 f.	22	1,9 f.	85
12,30	38	4,4	65	1,13	77.82
13,13	91	6,1 f.	98	1,15 ff.	30
14,33	24.25	6,18	83	1,16	95
14,34	92			1,23	29.33
14,34 f.	25	Epheser		1,25	13
15,4	64	1,1	11.55	1,26	58
15,12 ff.	68	1,3 ff.	55	2,2	85
15,26	58	1,10	14	2,12	68
15,32	74	1,21	32	2,15	32.95
15,34	16	2,1 ff.	97	3,1	68
15,42	58	2,2 ff.	95	3,3	68
16,5 f.	100	2,5 f.	68	3,7 f.	95
16,10 f.	37	2,8 f.	96	3,18 ff.	91
16,12	99	2,14 ff.	30	3,22 ff.	44.93
16,19	82	2,20	29.69	4,1	44
		3,2	14	4,7	99
2. Korinther		3,5	58	4,14	79
1,1	12.55	3,9	14.58	4,16	38
1,2	86	3,10	32		
1,3 ff.	55	4,17	16	1. Thessalonicher	
1,8	74	4,17 ff.	95	1,2 ff.	55
1,10	81	4,18	16	1,3	91
1,16	100	5,5	77	1,6 f.	38
2,3 f.	87	5,22 ff.	91	1,9	29
2,5 ff.	42.98	5,23	86	4,16 f.	76
2,13	87	6,4	94.98	5,27	38
2,14	53	6,5 ff.	44.93		
3,6	77	6,9	44	2. Thessalonicher	
3,14	38	6,10	15	1,3 ff.	55

105

2,8	76	4,7	12.73.77	1,14	53.83		
2,11f.	33	4,8	47.55.68.95	1,15	79		
3,7ff.	38	4,9	26.97	1,16	12.99		
		4,10	16	1,18	12.59		
1. Timotheus		4,12	92	2,1	15.48.91		
1,2	12.86	4,12f.	71	2,2	50.53.60.88		
1,3	46.99	4,13	38	2,3	48		
1,4	77.88.90.98	4,14	17.43.57	2,4	47.100		
1,5	34.36.56	4,15	49	2,5	49		
1,7	99	4,16	49.64	2,6	100		
1,7ff.	98	5,1	36.45.92.98	2,7	83		
1,8f.	35	5,3	100	2,8	32		
1,12	55	5,5	56.81	2,8ff.	50		
1,12ff.	29	5,8	26.46.63	2,9	48.92		
1,13	45	5,9	27	2,11	26.97		
1,15	26.97	5,10	45.95.100	2,14	95.98		
1,16	55.68	5,11	71	2,16	38.53.73		
1,17	63	5,11ff.	92	2,17f.	80		
1,18	49	5,14	63.92	2,18	34		
1,18f.	63	5,15	18.72	2,19	29.38.90		
1,19	13.34	5,16	26.46.63	2,19ff.	88		
1,20	27.45.67.72.80	5,17	62.63.100	2,21	45.95		
2,4	16.35.72.85.100	5,17ff.	46	2,22	13.37.48.92		
2,5	31	5,18f.	38.90	2,23	98		
2,5f.	30.86	5,19	70.98	2,24	49.62.95.98		
2,6	16.50.51.58.61	5,24	59	2,25	35.48.85		
2,7	59.61.62	5,24f.	68	2,26	27		
2,8	71.95	5,25	95	3,1	33.59.75		
2,9	92.95	6,1	18.92	3,1ff.	82		
2,13ff.	38	6,1f.	46.93	3,2	18.45		
2,14	90	6,2	36.63.98	3,6	24.71		
2,15	92	6,3	26.60	3,7	20.35.85		
3,1	46.75.97	6,4	18.45.98	3,8	38.70		
3,1ff.	72.88	6,5	100	3,9	38		
3,2	62.72.92.100	6,8	100	3,10	48.50.75.91.95		
3,2ff.	88	6,9	27	3,11	48.81		
3,3	47.95	6,11	91.95	3,13	73		
3,4f.	25	6,12	55.68	3,14	48.91		
3,5	26.43.46	6,13	61	3,14f.	14.57		
3,6	57	6,14	59.76	3,14ff.	38		
3,6f.	72	6,15f.	17	3,15	49		
3,7	92	6,17	50	3,15f.	38.80		
3,8ff.	88	6,17ff.	45	3,17	49.95		
3,9	13.34.62	6,18	95	4,1	59		
3,11	72	6,19	55.68	4,2	62		
3,12	25.27	6,20	90	4,3	60		
3,13	62			4,4	12		
3,14	98	2. Timotheus		4,5	48.49.72		
3,15	33.39.69.88	1,1	11	4,7f.	49.63		
3,16	32.62.63.86	1,2	11.12	4,8	59.63.68		
4,1	38.59.72	1,3	13.15.34	4,9	98		
4,1ff.	82	1,4	98	4,10	100		
4,2	13.57	1,5	36.49	4,11	82		
4,3	20	1,6	38.39.43	4,12	99		
4,3f.	50	1,7	83.92.96	4,13f.	38		
4,3ff.	90	1,8	61.63	4,14	68		
4,4	47.90	1,8ff.	51	4,17	15.38.74.77.90		
4,5	92	1,10	51.76.86	4,18	63.68.74		
4,6	45.49.60.62.77.98	1,11	61.62	4,19	60.99		
4,6f.	71	1,12	53	4,21	36.98.99		
		1,13	46				

Stellenregister

Titus		9,10	87	Offenbarung	
1,1	35	9,14	29	1,1	85
1,1f.	68	9,15	21	1,3	38
1,1ff.	11	10,26	35.85	2,7	33
1,2	11.23.55.58.97	12,22	29	3,17f.	19
1,2f.	14	12,23	76	6,9ff.	56
1,3	51.55.92	12,24	21	7,3	85
1,4	11.12	13,7	38	10,7	85
1,5	43			11,18	85
1,6	25.26.27.46	Jakobus		14,10	44
1,7	14.43.47	1,1	85	14,13	33
1,7ff.	72	2,14ff.	51	15,3	85
1,8	92.95.100	3,15	34	16,13f.	34
1,9	43.60.62	4,4	47	21,14	69
1,11	47			22,6	85
1,12	88	1. Petrus		22,17	33
1,14	12.14.77.98	1,3ff.	97		
1,15	13	1,12	32	*Außerkanonische Schriften*	
1,16	63.95	1,14	16	*neben dem*	
2,1	48	1,14ff.	95	*Neuen Testament*	
2,1ff.	95	1,20	58	*und apostolische Väter*	
2,2	49.72	2,4ff.	69		
2,3	41	2,9f.	94	1. Clemensbrief	
2,4f.	25	2,13ff.	95	1,3	92
2,5	18.45	2,18f.	44	2,2	96
2,7	37.95	2,18ff.	91.93	5,7	7
2,9	12	3,18	32	21,6	87
2,9f.	44	3,18ff.	30	42,2ff.	62
2,12	92	3,22	32	44,1ff.	43
2,13	59.68.76.86.97	4,5	76	44,2	62
2,14	18.23.38.63.70.90	4,10	14	44,5f.	9
		5,8	81	46,6	96
3,1	97	5,13	80	47,6	9.43
3,2	18.45.92			51,1	11
3,5	12.16.58.68.70	2. Petrus		61,1	21
3,5f.	57	1,1	85	61,2	17
3,5ff.	63	1,12	95		
3,6	49.86	1,16	12	Ignatiusbriefe	
3,7	68	2,1	33	Eph. 3,1	98
3,8	26.68.92	2,9	74	Eph. 7,1	90
3,9	90	3,3	33	Eph. 16,1	73
3,10f.	18.70	3,15f.	9.65	Eph. 19,3	16
3,11	18			Magn. 8,1	90
3,12	79.80.87	1. Johannes		Magn. 11,1	51
		2,15	47	Trall. 8,2	45
Philemon		2,18	34	Trall. 9,1	51
3	86			Röm. 2,2	77
4ff.	55	2. Johannes		Röm. 5,3	72
10	60	1	20	Philad. 1,1	11
16	45	11	43	Smyrn. 1,2	51
24	79			Smyrn. 13,1	40
25	83	3. Johannes		Pol. 4,1	40
		6	100	Pol. 4,3	44
Hebräer		9	43	Pol. 6,1	14
1,3	30	9f.	88.100	Pol. 6,2	51.91
1,6	32				
3,12	29	Judas		Polykarp	
4,15	22	5	95	4,1	47
5,2	16	11	70	4,2	92
6,12	38	17f.	34	4,3	40
8,6	21	25	17	7,1	68

7,1 f.	46	Hermas		Teppiche III	
9,2	79	vis. II 2,6	67	48,1	34
11,1	43	vis. III 5,3	67		
12,3	21	mand. 8,3	18	Eusebius von Caesarea	
				Kirchengesch.	
Didache		Martyrium Polykarp		III 2,1	82
3,6	18	10,2	95	Kirchengesch.	
4,10	44			III 4,8	82
4,10 f.	44	Paulusakten		Kirchengesch.	
10,2 f.	35	2,2	99	III 39,15	80
				Kirchengesch.	
Barnabas		Clemens von Alexandrien		V 6,1	82
1,3	96	Teppiche II			
19,7	44	45,1	34		

Stichwortregister

Abendmahl, 20.35
Abfall, 61.66.77
Altes Testament, 14.38.75.85.89 f.
Älteste, 37.42.57.87
Amtseinsetzung, 18.37.39.79
Amtsgeist, 57.62.83
Amtsgnade, 38 f.57.62.83
Ansehen, 24.60.94
Antithesen, 53
Apostelbegriff, 60
Askese, 27.35.36.44
Auferstehung, 68
Ausschluß, 18.27.41.70.81.98
Autorität, 9.12.14.18.37.57.67.87

Bekehrungsschema, 16.95
Bekenntnis, 50.58
Beschwörung, 43.76.77
Bischofsamt, 18.27.87
Bischofsspiegel, 26 f.88
Botschafter, 59.61
Bruchstücke, 8.21.64
Bruder, 36.44 f.79
Bürgerlichkeit, 21
Buße, 44

Charisma, 38 f.57.62.83
Credo, 64

Danken, 20.35
Dankformel, 15.35.55
Danksagung, 35.55
Diakon, 61
Diakonenspiegel, 26.28
Diener Gottes, 85
Diskussionsverbot, 69.71
Disziplin, 57
Dreiheit, 37.48 f.91
Du-Stil, 36.48.71.73

Ehe, 27.41
Eheverbot, 34
Einigung, 34.87.88
Endgericht, 44
Engel, 22.32.44
Ephesus, 12
Epiphanie, 23.31.48.51.59.76.86
Erbarmen, 12.16.60.96
Erkenntnis, 20.35.73.85
Erlösungslehre, 17.22 f.86.89
Erretter, 17.32.86.89.96
Erwählung, 58.85
Erziehung, 36.72.94.96
Evangelium, 39.59.60.62.65.75.86
Ewiges Leben, 39.55.59.85

Familie, 39.56.60.63.92
Fleischwerdung, 21 f.31.65
Fortschritt, 38 f.
Frauen, 24 f.41.73.92
Frömmigkeit, 13.21.36.85
Fundament, 69
Fürbitte, 19 f.55 f.
Fürsprecher, 22

Gebet, 20.24.71
Geduld, 48
Geheimnis, 30.32
Genügsamkeit, 47.63
Gerechtigkeit, 58.63.96 f.
Gerichtstag, 59 f.82
Geschwätz, 28.89
Gesetz, 14
Gesetzeslehrer, 14 f.99
Gesunde Lehre, 36.90
Gewissen, 13.28.34
Glaubenstreue, 66
Gnade, 58.93.97
Gnosis, 16.22.32.53.90
Gottesdienst, 19.23 ff.38
Gottesmann, 49.75.78.85

Habsucht, 47
Handauflegung, 37ff.43.57
Haus, 29.70.88
Haushalteramt, 13.28.43.88
Haustafel, 91
Hausvater, 27.39
Heilige Schriften, 38.57.75.80
Heiliger Geist, 57.96
Heiligung, 38.49.93 f.
Heilsplan, 55.86
Heilsratschluß, 32 f.59.85
Hellenismus, 16.22.33.86
Heuchelei, 34.57.73
Hoffnung, 68.86.97
Huld, 58.96
Hymnus, 30.51.77

Inspiration, 75
Irrlehrer, 34.70 f.73.75.89 f.

Jesusworte, 16.43.46
Jüdische Art, 56.76.89
Jugend, 92

Ketzerpolemik, 13.34.46.69.73 ff.89 f.
Keuschheit, 24 f.37.41.92
Kind, 55.61.86
Kirche, 29.69
Kirchenrecht, 9.18.55.88.99

Stichwortregister

Kirchenzucht, 42.68.70.80.98
Kosmos, 25.33.45.50.93

Lasterkatalog, 14.46.72
Lästerung, 18.45.92
Legitimation, 57.86ff.
Lehrer, 62
Lehrüberlieferung, 61
Lehrverbot, 25
Leibespflege, 44
Leidenskampf, 36.48f.
Leidensnachfolge, 63.66
Liturgie, 19.94
Lohn, 60.63.77

Majestät Gottes, 15.51
Mandatsstil, 12.43.46.52.64.74
Männer, 23f.92
Marcion, 9.53.59
Märtyrer, 9.55.59f.
Martyrium, 58ff.66.77f.
Merkformel, 16.26.37.65.97
Missionsauftrag, 21.33.75.79f.
Mithras, 22.63
Mittler, 22
Monotheismus, 22
Moral, 36.86
Mysterien, 68
Mythen, 12.25.77

Nüchternheit, 28.72.77.92

Oberhirte, 87
Obrigkeit, 21.95
Offenbarungsschema, 8.14.51.58.65.85

Paulusbild, 7.12.15.29.56.59f.66.74.78
Paulusbriefe, 7.65
Petrus, 59.61.80
Presbyter, 37.57.87
Presbyterregel, 42f.
Prophetie, 17.33f.

Rechtgläubigkeit, 61f.75.85f.88
Rechtfertigung, 31.44.58.96f.
Reichtum, 52
Reinheit, 13.24.91
Richter, 59.63.76

Satan, 18.27
Sich schämen, 58f.67
Sklavenregel, 44f.93
Soldat, 63

Speisevorschriften, 34f.
Synagoge, 57.71.85

Schöpfer, 35.37.52
Schöpfung, 35.44.47.50.52

Stammbaum, 12f.
Stilform, 21.26.30.42.63.95.101
Stoische Lehre, 26.52.91.94

Taufe, 57.59.68.96f.
Taufliturgie, 16.58.70.97
Teufel, 18.27.72
Timotheus, 11
Titus, 87
Tod Jesu, 23.51.58
Treulosigkeit, 60.66
Tugendreihe, 26.28.48.71

Überliefern, 39.61.79.88
Überlieferungsgut, 18.29.53.60
Umsturz, 44
Universalismus, 16.19ff.37.58.73.90
Unterhalt, 63.100
Unterordnung, 25.44f.93.95
Unterricht, 63.92
Unvergänglichkeit, 58
Unwissenheit, 16

Verfolgung, 59.66.74f.
Verheißung, 20.85
Verkündigung, 86.88
Verwaltungsgut, 18.29.53.60
Vollkommenheit, 94
Vorbild, 37f.64.66.73f.92
Vorherbestimmung, 58.64f.81
Vorsteher, 26.63

Wahrheit, 35.59.67.85.89
Werk des Herrn, 63.75.81f.
Werke der Frömmigkeit, 40.45.52.96
Wettkampf, 63
Wiedergeburt, 96
Wiederkunft, 48.50.94
Wille Gottes, 55
Wir-Stil, 14.36.57.95
Witwenordnung, 40f.
Witwenstand, 41
Wohltätigkeit, 41.52.94f.
Wort Gottes, 23.86.92

Zeiten, 51.58.72.85f.
Zeugnis, 51.58.61

Bisher erschienen

Altes Testament
Walther Zimmerli
1. Mose 1–11: Urgeschichte. 3. Aufl., 436 Seiten, Pappband.
1. Mose 12–25: Abraham. 150 Seiten, kartoniert.

Franz Hesse
Hiob. 217 Seiten, kartoniert.

Georg Fohrer
Jesaja 1–23. 2. überarb. Aufl., 263 Seiten, Pappband.
Jesaja 24–39. 2. überarb. Aufl., 205 Seiten, Pappband.
Jesaja 40–66. 268 Seiten, Pappband.

Robert Brunner
Ezechiel 1–24. 2. überarb. Aufl., 268 Seiten, Pappband.
Ezechiel 25–48. 2. überarb. Aufl., 158 Seiten, Pappband.

Heinrich Kühner
Zephanja. 70 Seiten, Pappband.

Robert Brunner
Sacharja. 176 Seiten, Pappband.

Neues Testament
Wilhelm Michaelis
Das Evangelium nach Matthäus. Kap. 1–7. 384 Seiten, Pappband.
Das Evangelium nach Matthäus. Kap. 8–17. 392 Seiten, Pappband.

Gottlob Spörri
Das Evangelium nach Johannes. Kap. 12–21. 220 Seiten, Pappband.

Ernst Gaugler
Der Brief an die Römer. Kap. 1–8. 2. Aufl., 366 Seiten, Pappband.

Dieter Lührmann
Der Brief an die Galater. 123 Seiten, kartoniert.

Victor Hasler
Die Briefe an Timotheus und Titus. 111 Seiten, kartoniert.

Eduard Schweizer
Der 1. Petrusbrief. 3. Aufl., 116 Seiten, Pappband.

Charles Brütsch
Die Offenbarung Jesu Christi. Johannes-Apokalypse.
Kap. 1–10. 2. überarb. Aufl., 415 Seiten, Pappband.
Kap. 11–20. 2. überarb. Aufl., 391 Seiten, Pappband.
Kap. 21/22. Anhang, Lexikon, Bibliographie. 2. überarb. Aufl., 395 Seiten, Pappband.